AF211109

Das nachfolgende Schriftstück unterliegt keinem
Formzwang. Es ist wie es ist.

Alles beginnt beim Selbst

(Anrufer) „Eigennützig! Mister, wissen Sie, wer der Antichrist ist?" Einen Augenblick lächelte Shimoda. Er lehnte sich bequem zurück. Es war, als wäre der Anrufer ein alter Bekannter.

(Shimoda): „Vielleicht verraten Sie es mir", sagte er.

(Anrufer): „Christus hat uns befohlen, für unseren Nächsten zu leben. Der Antichrist sagt, sei egoistisch, leb nur für dich selbst und laß die anderen zur Hölle fahren."

(Shimoda): „Oder zum Himmel, oder wo immer sie hingehen möchten."

(Anrufer): „Sie sind gefährlich, wissen sie das, Mister? Was würde sein, wenn jeder auf Sie hörte und einfach nur das täte, was Ihm beliebt? Was, glauben Sie, würde dann passieren?"

(Shimoda): „Ich glaube, dass dieser Planet wahrscheinlich der glücklichste in diesem Teil der Galaxis sein würde", antwortete er.

(Anrufer) „Mister, ich weiß nicht, ob ich möchte, dass meine Kinder hören, was Sie da sagen."

(Shimoda): „Was wollen Ihre Kinder denn selbst gern hören?"

(Anrufer): „Wenn es uns freisteht, das zu tun wonach uns gerade zumute ist, dann steht es mir auch frei, auf die Wiese hinauszugehen und Ihnen mit meiner Schrotflinte Ihren blöden Kopf wegzupusten?"

(Shimoda): „Natürlich steht Ihnen das frei." [1]

„WIR SIND ALLE ... FREI ... UM ZU TUN ... WAS IMMER WIR WOLLEN."[2]

Freiheit hat nichts mit der Freiheit zu tun wie sie in der Verfassung der Vereinigten Staaten von Amerika steht oder in den bekannten deutschen (Einigkeit und Recht und Freiheit) oder französischen Werten (Freiheit, Gleichheit, Brüderlichkeit) zum Ausdruck kommt. Freiheit hat auch nichts mit dem Freiheitsempfinden eines 18-Jährigen zu tun der von zu Hause auszieht, der Freiheit die ein

---

[1] *Illusionen*, Richard Bach, Ullstein Verlag, 14. Auflage 2000, S. 114. Ein Gespräch zwischen zwei Personen während einer Radiosendung.

[2] *Illusionen*, S. 96

Ehepartner nach einer Scheidung verspürt, der Freiheit die ein Bürger in einem Staat durch seine Wahlbeteiligung erhält oder durch die Entlassung aus dem Gefängnis. Freiheit hat niemals mit Äußerlichkeiten zu tun. WIRKLICHE FREIHEIT IST IN JEDEM MOMENT MÖGLICH UND ENTSPRICHT DER MÖGLICHKEIT DURCH SEINEN FREIEN WILLEN EIGENE REALITÄT ZU ERSCHAFFEN.

Würden Menschen in dieser Welt logisch und konsequent denken wäre dieses Kapitel das Ende des Buches. Logik ist die Fähigkeit mit der Menschen Sachverhalte nachvollziehen und entwirren können. Ständig wiederkehrende Themen zeigen jedoch dass den Dingen nicht auf den Grund gegangen wird. Das ist der Grund warum das Buch an dieser Stelle weiter geht.

*

Am Anfang des Films "*Die Götter müssen verrückt sein*" beschreibt der Erzähler den Hintergrund auf den der Film basiert. Er schildert zum einen das Afrika der Buschmänner die in der Wildnis leben, und zum anderen die Bevölkerung die in den Städten Südafrikas lebt. Interessant ist der Teil der Schilderung an dem der Erzähler sagt dass die Stadtmenschen Jahre der Ausbildung benötigen um in ihrer Zivilisation leben zu können.

Viele Menschen in dieser Welt glauben etwas lernen zu müssen. Gleichgültig ob sie sich als Buschmänner Naturgesetze aneignen oder als Stadtmenschen die Regeln westlicher Zivilisation erlernen. Fakt ist dass Menschen in dieser Welt auf das Wissen (Ideen) anderer zurückgreifen und damit Realität erschaffen.

Nimmt man als Beispiel die Gesetze und Regeln der zivilisierten Welt so zählen diese zu erlerntem Wissen. Gleichgültig ob es sich um das Gesetz der Schulpflicht oder um Verhaltensregeln handelt. Der Punkt ist dass

Gesetze von noch so vielen Bundestagsabgeordneten verabschiedet werden würden und im Gesetzbuch stehen könnten und Verhaltensregeln von noch so vielen Erziehungsberechtigten an Kinder weitergegeben werden würden. GESETZE UND REGELN WERDEN NUR REAL WENN MENSCHEN SICH DARAN HALTEN. Das sich Menschen freiwillig daran halten lässt darauf schließen dass sie die Realität wollen die sie leben. Wenn Menschen die Realität wollen die sie leben warum haben sie dann noch Wünsche?

Ein Autor schrieb einmal in seinem Buch er habe nichts gegen Sektenführer sondern gegen die Anhänger von Sekten. Interessante Logik. Warum diese Logik nur auf Sekten beschränkt wird und nur dieser Autor erkennt verstehe ich nicht. Diese Logik trifft auf die Existenz von allem zu das in dieser Welt existiert. ALLES EXISTIERT NUR WEIL EINZELNE MENSCHEN ETWAS UMSETZEN. Egal ob sich Menschen religiös ausrichten, sich an Gesetze oder Regeln halten oder nach sonst etwas ausrichten. Würde sich niemand danach richten würde nichts davon existieren.

Ich nehme einmal ein anderes Beispiel das zeigt wie in dieser Welt Realität erzeugt wird. Betrachten wir einmal eine Landesgrenze und ein Wolkenfeld das auf einer Satellitenaufnahme sichtbar über Frankreich und dem Nachbarland Deutschland hängt. Ebenso können wir ein Tier als Grenzgänger über diese Landesgrenze nehmen. Weder das Wolkenfeld noch das Tier machen an der Landesgrenze halt. Beiden ist bei Überschreiten nicht bewusst dass sie eine Grenze überschreiten. Landesgrenzen existieren daher nur für diejenigen die Grenzen mit ihrem Bewusstsein aufrecht erhalten.

*

Als Kind erscheint alles möglich. Die Erfahrung der absoluten Freiheit. Der Möglichkeit tun und lassen zu können was immer man will. Wenn Menschen erwachsen werden beginnen sie daran zu glauben dass vieles unmöglich ist. Sie erfahren zum Beispiel dass sie Geld benötigen um sich Wünsche zu erfüllen. Grenzen die sie von außen übernehmen beginnen sie einzuschränken und bestimmen ohne dass es ihnen bewusst ist fortan ihr Leben.

Eine Frau bekam zu ihrem 40. Geburtstag eine Schachtel Pralinen geschenkt. Nachdem sie die letzte Praline gegessen hatte ging sie zu der Konditorei von der das Konfekt verkauft wurde um sich eine neue Schachtel zu kaufen. Beim Bezahlen ließ sie sich auf ein Gespräch mit dem Verkäufer ein der auch ein großer Liebhaber dieser Pralinen war. Bei seiner Schwärmerei erwähnte er daß er ganz besonders den scharmanten Unterton von Marzipan liebt. Schlagartig veränderte sich das Gesicht der Kundin denn Marzipan gehörte bisher nicht zu den Süßigkeiten denen sie etwas abgewinnen konnte. Sie erinnerte sich noch gut daran dass ihre Mutter schon nichts für Marzipan übrig hatte und sie dieser Erfahrung deshalb immer aus dem Weg gegangen war.
Nach dem Gespräch mit dem Verkäufer begann sich die Frau dafür zu interessieren aus was Marzipan hergestellt wird, wie und wo Mandeln wachsen und welche verschiedenen Marzipansorten es gibt. Inzwischen hatte sie nicht nur sehr gute Kenntnisse auf diesem Gebiet sondern wurde zudem zu einer großen Liebhaberin dieser Süßigkeit.
Natürlich gibt es auch heute noch Zeiten in denen sie keine Lust auf Marzipan hat. Wenn ihr aber heute jemand erzählt daß er kein Marzipan mag erinnert sie sich mit Freude an die Packung Pralinen zu ihrem 40. Geburtstag.

Das ist ein Beispiel wie ein Mensch ohne darüber nachzudenken eine Grenze übernommen hat. Eine Selbsteinschränkung die erst durch eine bestimmte Lebenssituation aufgehoben wird. Einfacher wäre es ein Mensch würde bewusst leben. Gelerntes würde dann nicht gelebt werden und ein Mensch würde sein Leben nach seinen Wünschen ausrichten.

*

Vor Jahren war ich für drei Wochen im Allgäu. Ich nahm mir diese Zeit da ich etwas neues ausprobieren wollte. Ich hatte schon Jahre zuvor darüber gelesen und davon gehört daß es Menschen gibt die keine Nahrung zu sich nehmen. Da ich mich damals noch damit beschäftigte Grenzen zu überwinden dachte ich versuche ich das und sehe ob es funktioniert. Um so etwas auszuprobieren wollte ich jedoch nicht in meinem alltäglichen Umfeld sein da ich befürchtete in alte Gewohnheiten zurück zu fallen und allein deshalb etwas essen zu wollen. Zu der Erfahrung nichts zu essen kann ich sagen: „Ja, es ist möglich. Der Mensch muss nichts essen." Es ist allein der Glaube er müsse etwas essen der schließlich dazu führt daß er verhungert.

Eigentlich will ich in diesem Zusammenhang von einem Kalenderblatt erzählen daß in meiner Ferienwohnung hing. Es war das Kalenderblatt des Monats Februar. Darauf war eine Rakete vor einem strahlend blauen Himmel abgebildet wie sie von der NASA ins All geschickt wird. Darunter stand folgender Satz: "RISIKO: WIR ERFAHREN UNSERE GRENZEN ERST WENN WIR SIE ÜBERWINDEN."

Das war der Satz für mich. Am Ende meines Urlaubs nahm ich das Kalenderblatt mit. Menschen denen ich dieses Kalenderblatt gezeigt habe reagierten ähnlich. Sie waren der Meinung daß man auf Grenzen stößt wenn man versucht diese zu überwinden. Für mich selbst ist dieser Satz von ganz anderer Bedeutung. DURCH MEINE LETZTE ÜBUNG MICH VON NICHTS ZU ERNÄHREN WEIß ICH DAß ES GAR KEINE GRENZEN GIBT SONDERN DAß WIR UNSERE GRENZEN SELBST SETZEN. Da uns die eigenen Grenzen nicht bewusst sind bemerken wir sie nicht. Der Satz auf dem Kalenderblatt besagt lediglich dass einem die eigenen Grenzen erst bewusst werden wenn man versucht sie zu überwinden.

Wenn daher heute jemand auf mich zukommt und sagt: *„Der Mensch muß essen!"* stelle ich gedanklich die Gegenfrage: *„Muß der Mensch essen?"* So würde ich auf die Bemerkung eines Menschen *„Irgendwann muß jeder sterben!"* die Gegenfrage stellen *„Muß jeder sterben?"* Der Grund für das in Frage stellen von Grenzen ist dass Grenzen nicht von selbst existieren sondern nur durch den Glauben eines Menschen daran.

Es gibt daher keine Grundsätze nach denen ich lebe. Menschen die glauben es lebe sich leichter mit Grundsätzen zwingen sich selbst während ihrer Handlungen inne zu halten und zu prüfen ob sie ihren Grundsätzen entsprechen. Essen oder nicht essen ist deshalb keine Entscheidung für mich. Seit dieser Erfahrung bin ich nur freier in meiner Wahl was Essen betrifft da ich nicht mehr darüber nachdenke. Da kann es dann schon sein das ich an einem Tag nichts esse, nur Kuchen oder Pommes mit Ketchup. Ich habe noch nicht festgestellt daß es mir auf irgendeine Art schadet. Ich habe jedoch bemerkt dass es mein Umfeld stört. Bemerkungen wie *ungesund, irre, unvernünftig, der Mensch muß essen, neumodischer Kram, es wird Zeit das die Zeiten wieder schlechter werden damit ihr wisst wie gut es euch geht* oder *Nahrungsmittel sind dazu da den Menschen zu ernähren* sind gängig.

*

Die gleiche Erfahrung machte ich zwei Jahre zuvor als ich über das Wochenende die Entscheidung traf meine Kündigung einzureichen weil ich nicht länger Sklave einer Arbeit sein wollte nur aus dem allgemeinen Zwang heraus Geld verdienen zu müssen. An diesem besagten Wochenende wurde mir bewusst daß ich gar nicht Teil dieses Systems sein will. Mich störte nicht nur die Tatsache daß ich mich für Geld versklavt hatte sondern auch daß ich fünf Tage die Woche für acht Stunden am Tag die selbe Tätigkeit ausübte. Wie schon erwähnt machte ich da die gleiche Erfahrung. Kollegen, Freunde, Bekannte und Verwandte stellten Fragen wie: *„Von was willst du nun leben?"* oder *„Was machst du den ganzen Tag?"*

Durch diese Bekundungen wurde mir nach und nach klar daß sie Angst davor hatten dass jemand an ihren Gewohnheiten zu rütteln begann und nicht mehr mitspielen will. Indem ich anfing die in dieser Welt gelebte Realität in Frage zu stellen kamen bei ihnen Zweifel auf. Zweifel, da sie sich durch Erziehung daran gewöhnt haben die Lebensweise anderer Menschen zu übernehmen und heute noch immer daran glauben sich danach richten zu müssen.

Mehr als das war und ist es mir heute noch unmöglich jemandem der sich in diesem System sieht zu sagen wie ich lebe. In erster Linie ist es so daß es den Tag mit der Unterteilung in Uhrzeiten gar nicht gibt. Ich kann nicht sagen daß ich um 23.00 Uhr ins Bett gehe und um 8.00 Uhr aufstehe. Es kommt wie es kommt. Nachts bin ich des öfteren wach, gehe spazieren, höre Musik oder sitze einfach nur in der Stille. Tagsüber unternehme ich oft gar nichts. So ist die Frage meines Vaters: *„Na schon ausgeschlafen?"* zu jeder Tageszeit unpassend. Tatsächlich ausgeschlafen habe ich weder um 9.00 Uhr noch um 18.00 Uhr zumal ich vollkommen unterschiedlichen Schlafbedarf habe.

Da Zeit keine Rolle spielt lebe ich im Moment. Dadurch habe ich aufgehört mir Gedanken darüber zu machen was alles eintreffen könnte. Fällt etwas im hier und jetzt an wird es angegangen. Früher habe ich mir schon Wochen oder Monate im voraus den Kopf zermartert wie ich etwas angehen werde. War dann der besagte Zeitpunkt da mußte ich nicht nur erkennen daß ich es ganz anders handhabe sondern ich hatte die Zeit dazwischen auch nicht gelebt. Das war besonders extrem während meines

Studiums. Ständig dachte ich an irgend welche Prüfungen. Dadurch gönnte ich mir nicht Dingen nachzugeben die Spaß machten. Schon während dieser Zeit aber auch nach all den Jahren betrachte ich diese Erfahrung als absolutes Mahnmal wie ich nicht wieder leben will. So wurde aus einer *negativen Lebenssituation*[3], als ich die Zeit nicht so lebte wie ich das wollte, eine positive Erfahrung.

Nun klingen die Entscheidungen *nicht zu essen* oder *Job aufgeben* etwas abstrakt da noch andere einschneidende Ereignisse in meinem Leben stattfanden die bisher nicht erwähnt wurden, letztlich jedoch zu meiner grenzenlosen Lebenssicht führten. Der Leser müßte sich zum Beispiel fragen wie ich zu der Ansicht kam daß ich mich als Sklave der Arbeit fühlte. Auch hier kann ich nur sagen daß ich soweit ich in meine Kindheit zurückdenken kann schon immer selbst bestimmen wollte was ich wann tun will. So ist es heute noch. Ich will in jedem Moment ungebunden entscheiden was ich tun will und was nicht. Dabei ist es mir egal wenn jemand zu mir sagt: „Das sind doch Hirngespinste, das läßt sich nie im Leben in dieser Welt verwirklichen!" oder „Träumer!"

Erst vor einigen Tagen wurde mir wieder vor Augen geführt daß das Leben am einfachsten ist wenn man so ist wie man will.

Ich wollte mit einem Bekannten reden und fuhr zu seinem Haus. Als ich dort ankam stellte ich fest daß er nicht zu Hause war. Ich entschloß mich daher etwas spazieren zu gehen. Als ich durch den Ort lief kam mir ein Mann mit seinem Sohn entgegen. Der Sohn war etwa vier Jahre alt. Eigentlich hatte ich nur vor guten Abend zu sagen und weiter zu gehen. Ich hatte jedoch gar keine Gelegenheit irgend etwas zu sagen. Der Junge kam auf mich zu und sagte zu mir: *„Ich bin der Moritz und wer bist Du?"* Ich war gleich gar nicht in der Lage irgend etwas zu sagen. Ich war so überrascht über die spontane Art dieses Kindes daß ich

---

[3] Negativ im Sinn von unerwünscht.

erst nach einigem Zögern herausbrachte: *„Ich bin die Silvia."* Hinter Vater und Sohn tauchte plötzlich ein Ortsansässiger auf der den Jungen ansprach und ihn in ein Gespräch verwickelte. Nachdem der Ortsansässige hinter mir verschwunden war sagte ich zu Moritz: *„Der kennt wohl schon deinen Namen?"* Der Kleine ließ sich von all dem nicht beirren. Als ich schon fast an ihm vorbei war drehte er sich zu mir und sagte: *„So, so du bist also die Silvia."*

MENSCHEN HÖREN AUF ZU SEIN WIE SIE WOLLEN WENN SIE ANFANGEN ZU LERNEN DA SIE DANN ABGLEICHEN OB SIE DEM ERLERNTEN ENTSPRECHEN.

*

Alterserscheinungen wie graue Haare und Altersflecken zeigen dass ein Mensch aufgehört hat zu sein wie er will. Etwas das er als Kind noch gelebt hat ohne darüber nachzudenken. Im Zeitablauf vom Kind zum Erwachsenen beginnt ein Trott einzukehren. Ein Trott der durch das Übernehmen der Lebensweise anderer das Leben alltäglich werden lässt. Erwachsene sind nicht mehr in der Lage Möglichkeiten außerhalb dieser Lebensweise zu leben. Mit diesem Bild vor Augen kann leicht nachvollzogen werden warum Menschen auf dieser Erde alt und grau werden und sterben. Sie sehen was in dieser Welt existiert als die einzigen Dinge an die möglich sind. Wirklich vorhanden sind in dieser Welt jedoch nur die Dinge die von den in dieser Welt lebenden beziehungsweise den verstorbenen Menschen (*Wesen* [4]) erschaffen wurden. Da es nur die eigenen Grenzen gibt die ein Wesen sich setzt sind die Möglichkeiten unendlich:

Durch meine letzte Übung mich von nichts zu ernähren weiß ich daß es gar keine Grenzen gibt sondern daß wir

---

[4] Menschen, Pflanzen, Tiere ...

unsere Grenzen selbst setzen.[5]

Die zunehmende Zahl an Alterskrankheiten zeigt dass Menschen die Realität dieser Welt nicht sehen wollen. An Demenz oder Alzheimer erkrankte Menschen erzeugen eine eigene Welt in dieser Welt in die sie sich zurückziehen. Ähnliche Funktionen übernehmen Drogen und Alkohol. Wäre Menschen bewusst dass sie ihre Realität tatsächlich selbst bestimmen würden sie so leben wie sie leben wollen und Drogen und Krankheiten wären nicht notwendig.

Der Autor Richard Bach erzählt in einem seiner Bücher eine Geschichte über einen Piloten der in seinem Flugzeug in der Luft in Schwierigkeiten gerät und von dem Zeitpunkt des Erkennens dass er in Schwierigkeiten ist bis zu dem Moment an dem er tatsächlich abstürzt und stirbt keine Landemöglichkeiten wahrnimmt. Er versäumt es eine der 300 überflogenen Landemöglichkeiten wahrzunehmen. Da dieser Pilot gelernt hatte nur Landeplätze anzufliegen die bestimmten Kriterien entsprechen hat er gar nicht erst versucht andere zu nutzen. Er starb weil er seine Möglichkeiten nicht erkannt und wahrgenommen hat.

*

---

[5] Siehe Seite 9

Schon als Kind waren für mich Dinge die in dieser Welt existieren nicht nachvollziehbar. So kann ich bis heute nicht verstehen warum Menschen etwas ihr eigen nennen. Vollkommen unlogisch ist für mich die Tatsache dass irgend wann jemand damit begann etwas zu seinem Eigentum zu erklären und andere Menschen dieses Eigentum anerkennen.

Ein Beispiel für Eigentum ist Amerika das von Christoph Columbus entdeckt wurde. Eigentlich müsste ihm beziehungsweise seinen Nachfahren Amerika gehören da er es entdeckt hat. Da vor ihm Indianer dort lebten hätten sie jedoch zuerst Anspruch auf dieses Gebiet. Tatsächlich gehört das Land heute europäischen Einwanderern die dieses Gebiet nach Columbus besiedelten.

Der Anspruch auf Eigentum ist in Wirklichkeit nur davon abhängig dass andere Menschen dieses Eigentum anerkennen. Der Vorfall von Plünderung in außergewöhnlichen Situationen wie Krieg zeigt dass Menschen das nicht wirklich tun sondern in gewöhnlichen Situationen nur die Macht eines Systems fürchten das in außergewöhnlichen Situationen zusammenbricht und handlungsunfähig wird.

In Zusammenhang mit Eigentumsanspruch begann ich mich in jungen Jahren für Entwicklungshilfe zu interessieren. Mit dem Interesse für Entwicklungsländer stieg meine Begeisterung für einen ganz bestimmten Kontinent, für Afrika. Schon als Kind hatte ich den Wunsch nach Afrika zu gehen.

Eines Tages geschah es dann. Ich hatte die Möglichkeit für ein Jahr in Südafrika zu arbeiten. Diese Chance stand in Verbindung mit einer Tätigkeit als Assistentin bei einem deutschen Unternehmen in Johannesburg. Eine interessante Erfahrung machte ich während meiner Arbeit im Büro. Im Büro arbeiteten mein Chef, ein schwarzes Hausmädchen namens *Natalie* und ich. *Natalie* war für die Reinigung des Privathaushalts meines Chefs und mein

Büro zuständig. Eines Tages bekam sie mit daß zwischen mir und unserem Chef Meinungsverschiedenheiten bestanden und sie sagte mir sie sei froh daß mein Ärger mit ihm sie aus seinen ständigen Attacken ihr gegenüber bringe. Es war ihr nicht möglich für sich hinzustehen und ihm zu sagen was ihr wichtig war.

Natalie hatte in der Apartheid erlebt daß ein Weißer das Recht hat zu sagen was er will und ein Schwarzer nicht. Obwohl sich die Situation inzwischen geändert hatte und die Apartheid zu Ende war, war in ihrem Kopf noch das alte System verhaftet. Ihr Chef der als Deutscher nach Südafrika entsandt wurde sah das mit seinen Augen. Er genoss den Luxus eines Hausmädchens und wollte für sich und seine Frau ein schönes Zuhause.

Die Lösung aus *Natalies* Dilemma war sicherlich nicht meine Meinungsverschiedenheit mit ihm. Ihr Problem war dass sie sich immer noch als *Opfer* eines Systems sah gegenüber dessen sie sich machtlos fühlte. Mir stellt sich heute noch die Frage was passiert wäre wenn sie für sich eingestanden wäre und gesagt hätte was sie will.

EIN OPFER ZU SEIN BEDARF IMMER BEIDER SEITEN: JENER DIE MACHT ÜBER EINE PERSON AUSÜBT UND JENER DIE SICH DIESER MACHT ERGIBT.

Wenn ich heute Dokumentarfilme über das Dritte Reich sehe beobachte ich erstaunt wie Menschen im Angesicht des Todes ihr eigenes Grab ausheben um anschließend darin erschossen und begraben zu werden. Bei diesem Beispiel hätte das Opfer dem Täter gegenüber die Hose runterlassen, ihm seinen nackten Hintern zeigen, von einem Bein aufs andere hüpfen, die Zunge herausstrecken, auf ihn zugehen und erwürgen oder sonst irgend etwas machen können. Das Ergebnis wäre vielleicht das gleiche gewesen. Vielleicht wäre die Situation jedoch anders verlaufen und der Täter zum Opfer geworden.

Tatsache ist dass *Opfer* Angst und Ohnmacht gegenüber ihren Tätern empfinden. Das tun sie deshalb da sie sich ihrer eigenen Macht nicht bewusst sind Momente so leben zu können wie sie sie leben wollen. OPFER GEHEN DAVON AUS DASS JEMAND ANDERES ODER ETWAS ANDERES MACHT ÜBER SIE HAT.

Ist sich ein Opfer bewusst das es jeden Moment tatsächlich selbst in der Hand hat verliert ein Täter die Macht über sein Opfer. Denn nur durch die *Ohn*macht des Opfers erhielt der Täter in erster Linie Macht über sein Opfer.

Um Ohnmacht zu überwinden muß man die Situation so betrachten wie sie wirklich ist und wenn man sich dabei gerade vor Angst in die Hose pinkelt. In dem Moment indem man die Realität so sieht wie sie tatsächlich ist, ist es möglich sie so zu gestalten wie man sie haben will UNABHÄNGIG DAVON WAS MAN IN DIESER WELT GELERNT HAT ODER WAS ANDERE SAGEN.

Um aus einer Opferrolle herauszutreten muß jeder Mensch sich bewußt machen daß er sich da selbst hinein begeben hat und nur er selbst darauf Einfluß nehmen kann dies zu ändern.

In dem Beispiel von *Natalie* hätte sie sagen sollen was sie stört. Spielen wir die Situation in Gedanken einmal durch mit dem Ausgang einer möglichen Kündigung durch ihren Arbeitgeber. *Natalie* wäre in diesem Moment frustriert über den Verlust ihres Arbeitsplatzes gewesen. Der sofortige Vorteil wäre jedoch daß sie ihre Realität gelebt hätte. Vielleicht hätte sie nach dieser Arbeit eine bessere Arbeitsstelle gefunden.

Selbst ohne eine neue Arbeitsstelle ist nicht gesagt daß es eine schlimme Erfahrung für *Natalie* gewesen wäre. Es wäre lediglich eine neue Erfahrung gewesen.

Wir wissen nicht wie sich die Situation geändert hätte wäre *Natalie* für sich eingestanden. Genauso wie wir nicht erfahren werden was mit einem Menschen im Dritten Reich geschehen wäre der seinen Gegenspieler erwürgt hätte. EINES IST JEDOCH SICHER: WÜRDEN MENSCHEN DIE REALITÄT SO LEBEN WIE SIE WOLLEN GÄBE ES KEINE OPFER.

*

Alles beginnt beim SELBST und steht und fällt mit dem Vertrauen eines Menschen in sich selbst. Selbstvertrauen wie es vor kurzem in meinem nächsten Umfeld nötig war und in dieser Welt den meisten Menschen schwer fällt.

Ich zog im letzten Jahr in eine Wohnung eines Mehrparteienhauses. Von der ersten Begegnung mit einer älteren Hausbewohnerin an hatte ich das Gefühl dass ihre gesagten Worte nicht dem entsprechen was sie denkt. Zu wissen dass das was ein Mensch sagt und das was er denkt voneinander abweicht und darauf zu vertrauen ist Selbstvertrauen. SELBSTVERTRAUEN IST UNABHÄNGIG DAVON WAS MAN IN DIESER WELT GELERNT HAT ODER WAS ANDERE SAGEN.

Leider glauben viele Menschen nicht dass alles beim SELBST beginnt eben weil diese Tatsache so einfach ist. Dinge wie Geld, Macht, Eigentum, akademische Titel, soziale Stellung (Adelstitel) oder Berufsstatus (Abteilungsleiter, Geschäftsführer) sind symbolisch dafür dass Menschen Bestätigung von außen wollen.

Die Menschen werden ewig warten müssen denn Selbstvertrauen kann nicht von außen bestätigt werden sondern nur vom SELBST.

Mangelndes Selbstvertrauen, Zweifeln daran ob ein Mensch richtig oder falsch handelt. Nur zu schade dass das einem Menschen genommen wird wenn er sich dieser einfachen Realität stellt und sich nicht mehr qualvollen

Zweifeln hingeben kann: *Ist es richtig ...?, Kann ich...?, War das nicht falsch...?* ... . Kein Mensch kann zufrieden leben wenn er ständig Selbstzweifel hat. Damit steht und fällt die Möglichkeit jedes Einzelnen. Die Möglichkeit sein Leben nach seinen Vorstellungen zu leben und eine Welt nach seinen Vorstellungen zu erschaffen.

Dabei ist diese Logik so einfach. Menschen sind Individuen da sie Dinge durch ihre Erfahrungen einzigartig wahrnehmen. Selbst eineiige Zwillinge machen unterschiedliche Erfahrungen und sind deshalb einmalig. Da in dieser Welt alles einmalig ist kann es niemals eine einzige richtige Vorgabe für alle geben wie: die richtige Lebensweise, das ultimative Wissen, die Staatsform oder eine einzige Religion und so weiter. Jeder Mensch kann seine Realität nur selbst leben.

Indem ein Mensch die Möglichkeit abgibt seine Realität selbst zu leben und sich nach außen orientiert überlässt er anderen die Möglichkeit die Welt nach ihren Vorstellungen zu erschaffen. Da deren Vorstellungen auch nicht ihre eigenen sind sondern von anderen übernommen wurden werden auch nicht deren Vorstellungen verwirklicht. So entsteht zu keinem Zeitpunkt eine Welt nach der Vorstellung eines einzelnen Menschen.

Ein symbolisches Instrument dafür ist die Politik. Durch die Wählerstimme signalisiert ein Mensch dass er einer Partei seine Stimme überträgt. Nun ist es nicht nur so dass er einer bestimmten Partei seine Stimme gibt. Durch die Wahlbeteiligung stimmt er in erster Linie für das System in dem er lebt, vom Zahlen von Steuern bis hin zur Festlegung von Gesetzen oder dem Führen von Kriegen, unabhängig davon für welche Partei er stimmt. Es ist unlogisch wenn ein Wähler nach der Wahl sagt er sei mit dem Vorgehen der Regierung nicht einverstanden da er diesem Kind erst auf die Welt geholfen hat.

Wäre den Menschen bewusst welche Realität sie in dieser Welt erzeugen, würden sie eine Realität erzeugen in der sie gern leben würden und niemand würde in dieser Welt mehr sterben wollen.

Ein Bekannter schrieb mir vor kurzem: *„Na ja, und es gibt Phasen im Leben da fällt es einem leichter in dieser Spontanität zu leben und aus dieser heraus zu entscheiden."* Das ist wahr dass es in dieser Welt Momente im Leben eines Menschen gibt in denen ihm etwas leichter fällt und Momente in denen ihm etwas schwerer fällt.

Nehmen wir einen Tag der schon ab dem Aufstehen nicht so läuft wie jemand das gern hätte. Vielleicht ist am heutigen Tag ein Termin den er nicht wahrnehmen will. Vielleicht liegt es daran dass das Kind einen zu sehr in Anspruch nimmt oder der kranken Mutter versprochen wurde sie zu besuchen. Wie auch immer, es ist ein Tag der nicht der eigenen Zufriedenheit entspricht! Was also tun? Indem sich ein Mensch bewusst macht was ihm nicht gefällt sind alle Weichen für eine Änderung gestellt. Die Situation dahingehend zu ändern wie er sie haben will ist ein Kinderspiel. Wer hält einen davon zurück wenn nicht man selbst?

*

In meiner Kindheit verbrachte ich häufig meine Schulferien mit meinem zwei Jahre älteren Bruder und meinem Cousin bei meiner Oma. In den Ferien bei meiner Oma spielte sich oft folgende Situation ab: Wenn wir zu dritt spielten und es zu Streitereien kam erschien meine Oma und forderte mich auf die Jungs in Ruhe zu lassen. Mich störte bei diesen Situationen dass meine Oma automatisch immer mich beschuldigte Unruhe zu stiften. Ich erfuhr damals auch in anderen Situationen daß sie automatisch auf Seiten des männlichen Geschlechts stand.

Unterscheidungen wie die zwischen den Geschlechtern entstehen durch Wertung im Kopf eines Menschen. Meine Oma ist in einer Zeit aufgewachsen in der sie den zweiten Weltkrieg miterlebt hat und den Glauben übernahm Männer hätten eine übergeordnete Stellung in dieser Welt. In einer Zeit in der Männer Politik bestimmten und Kriege führten hat sich ihre Realität danach ausgerichtet. Wenn man so etwas einfach übernimmt bewertet man einen Menschen zum Beispiel nach seinem Geschlecht.

Für mich waren Erfahrungen wie diese symbolisch dafür daß mit dieser Welt etwas nicht stimmt.

*

Unterscheidungen wie die zwischen den Geschlechtern werden von jedem selbst gemacht, genau wie die Unterscheidung zwischen einem Erwachsenen und einem Kind. In dieser Welt glauben Erwachsene dass Kinder nicht für sich sprechen können daher entscheiden sie für die Kinder. Erwachsene haben in ihrer Kindheit selbst erlebt dass ältere Menschen für sie sprechen und diese Lebensweise übernommen. Die Übernahme dieser Lebensweise ist leicht nachvollziehbar da sich schon ihre Eltern ihre Entscheidungen von ihren Eltern abnehmen ließen und so wiederholt sich dieses Muster immer wieder.

Da die Kinder von damals heute selbst zu den Erwachsenen zählen möchte sie so eine Situation nicht noch einmal erleben daher sprechen sie für die Kinder von heute. Das ist auch der Grund warum ich annehme das dieses Buch nicht von älteren Menschen gelesen wird. SIE GLAUBEN EIN MENSCH KANN VON EINEM ANDEREN BESTIMMT WERDEN UND HABEN IHR VERTRAUEN IN SICH VERLOREN. Der Glaube an Bevormundung bestimmt ihre heutige Realität. Mit diesem Glauben ist es einem Menschen nicht möglich ein solches Buch zu lesen da er glaubt sein Leben nach anderen ausrichten zu müssen. Tatsächlich ist es nicht möglich dass ein Mensch von anderen bestimmt werden kann und nur davon abhängig ob sich ein Mensch freiwillig danach richtet.

Dass Entscheidungen von älteren Menschen getroffen werden wird von Menschen bestimmt die vor den heutigen Kindern in diese Welt geboren wurden. Kinder haben an dieser Regelung kein Mitspracherecht und daher zu keinem Zeitpunkt die Möglichkeit selbstbestimmt zu leben.[6] Sie können ihren Willen nur leben wenn sie sich gegen den Willen der Erwachsenen durchsetzen. Meistens ordnen sich Kinder dem Willen der Erwachsenen unter und übernehmen deren Vorgaben. HIER BEGINNT EIN MENSCH SEIN LEBEN IN DIE HÄNDE ANDERER ZU GEBEN UND SEIN VERTRAUEN IN SICH ZU VERLIEREN.

Shimoda fragt in der Eingangsgeschichte explizit: *„Was wollen Ihre Kinder denn selbst gern hören?"* Wie kann eine andere Person als das SELBST wissen was ein Mensch will? Beim Essen angefangen entscheiden Erwachsene für ihre Kinder nach Kriterien der Gesundheit. Das Kind geht spontanen Gefühlen nach und ißt was es will und wie viel es will. Nach meiner Erfahrung nichts zu essen kann ich sagen daß das Gefühl etwas gesundes oder ungesundes zu essen nur von den eigenen Gedanken abhängt. Wenn man daran glaubt das Spinat eine wertvolle Sache ist dann ist das auch so. Da Kinder vor ihrer Erziehung diesen

---

[6] In dieser Welt werden Entscheidungen von erwachsenen Menschen getroffen.

Glauben nicht haben schadet ihnen ein Mangel an Spinat jedoch nicht.

EIN MENSCH MUß NICHT GLAUBEN WAS ER LERNT, ABER ER IST AN WAS ER GLAUBT.

*

Schwierig ist die in dieser Welt gelebte Vorbildfunktion von Erwachsenen. Indem Kinder von klein auf übernehmen was Erwachsene vorgeben orientieren sie sich an deren Vorgaben. Bis zu einem bestimmten Alter sind Kinder dann so programmiert dass sie das nachleben was Erwachsene vorleben und nicht mehr so leben wie sie selbst leben wollen.

Ist diese Phase abgeschlossen erlebt ein Mensch als Erwachsener bestimmte Lebenssituationen die als negativ[7] empfunden werden und ihn auffordern sein Leben wieder so zu leben wie er es selbst leben will. Um derartige Situationen zu bewältigen muß ein Mensch verlernen was er übernommen hat und dort ansetzen wo er als Kind begonnen hat erwachsen zu werden: BEIM VERTRAUEN IN SICH SELBST.

*

Ein Mensch wird in dieser Welt in ein System von Institutionen geboren in dem Individualität nur schwer zu leben ist. Nach der Geburt wird er beim Standesamt mit seinem Namen registriert. Von diesem Moment an ist er Bürger eines Landes. Zu keinem Zeitpunkt wird das von ihm selbst entschieden. Obwohl es den Anschein macht ist es tatsächlich nicht möglich über einen Menschen zu bestimmen und ihn in seiner Freiheit zu beschneiden:

Sie glauben ein Mensch kann von einem anderen bestimmt werden und haben ihr Vertrauen in sich verloren.

---

[7] Negativ im Sinn von unerwünscht.

Der Glaube an Bevormundung bestimmt ihre heutige Realität. ... Tatsächlich ist es nicht möglich dass ein Mensch von anderen bestimmt werden kann und nur davon abhängig ob sich ein Mensch freiwillig danach richtet.[8]

Der Staat, der Kindergarten, die Schule, die Ausbildungsstätte sind Institutionen die den Menschen nicht als Individuum sehen. Die Schule als Beispiel wird vom Staat per Gesetz für alle Menschen gleichermaßen festgesetzt. Durch die Vorgabe per Gesetz soll dem Einzelnen sein freier Wille genommen werden selbst zu entscheiden ob er zur Schule gehen will oder nicht. Da ein Staat jedoch erst durch den mündigen Bürger zum Staat wird ist es in Wirklichkeit keine Institution sondern der Staatsbürger ab achtzehn Jahren mit dem gesetzlichen Wahlrecht der sich durch den Wahlgang in seinem freien Willen selbst beschneidet.

Dass Menschen immer wieder Systeme mit Vorgaben aufbauen ist nur in einer Welt möglich in der Menschen leben die kein Selbstvertrauen haben, Menschen die in ihrem Willen beeinflussbar sind.

Mangelndes Selbstvertrauen ist auch die Ursache dafür dass das Gemeinschaftsprinzip und das Mehrheitsprinzip in dieser Welt so stark vertreten sind und das Individuum eine untergeordnete Rolle spielt.

Fehlendes Selbstvertrauen ist auch der Grund für Kinderwunsch in dieser Welt. Erwachsene wollen Menschen um sich haben die sich an keine Vorgaben halten und Dinge unbefangen angehen. Etwas zu dem sie sich selbst nicht mehr in der Lage sehen und zeigt dass sie sich nicht wirklich an die Vorgaben in dieser Welt halten wollen.

---

[8] Siehe Seite 22

Wenn ein kleines Kind einen am Bein amputierten fragt: *„Warum fehlt Dir ein Bein?"* bekommt es von Erwachsenen zu hören: *„Das fragt man nicht!"* Erwachsene haben Angst die Situation könnte unangenehm werden. Hier ist ein klassischer Fall wo Erwachsene aus persönlicher Wertung heraus das Kind zurück halten um eine Situation zu vermeiden. Das Kind denkt jedoch nicht nach. Es wertet das Fehlen des Beines nicht und will einfach nur den Grund dafür wissen. Ohne Einmischung der Erwachsenen wäre es für das Kind eine Erfahrung gewesen um die es nun gebracht wurde. Nur kleine Kinder haben in dieser Welt noch Vertrauen in sich selbst. Lebt ein Mensch dieses Selbstvertrauen von Kindheit an ist leben etwas einfaches da er Situationen unbefangen angeht und nur auf sich selbst vertraut. MENSCHEN DIE VON KLEIN AN VERLERNEN AUF SICH SELBST ZU VERTRAUEN SIND IHR LEBEN LANG ORIENTIERUNGSLOS UND AUF DIE AUßENWELT FIXIERT.

*

Dass sich Menschen in dieser Welt eines Gottes oder etwas anderem Übergeordneten bedienen und ihm die Verantwortung für sich übertragen wäre nicht notwendig würden Menschen die Möglichkeit wahrnehmen selbst zu machen. Etwas das man in dieser Welt mit GOTT LEBEN bezeichnet: GOTT DER MACHER, GOTT DER ERSCHAFFER. Wenn man der Übersetzung und Überlieferung des Neuen Testaments glaubt ist Jesus hingerichtet worden weil er sich zum Sohne Gottes gemacht hat.

Menschen sterben in dieser Welt wenn sie ihr Leben selbst in die Hand nehmen. Diese Tatsache hinterlässt eine Welt von Nichtmachern die ihre Realität nicht machen wie sie die Realität gern hätten und sich nach einem Erlöser als Macher sehnen der für sie macht. Dieser muss jedoch sterben da Nichtmacher glauben Macher können sie in ihrem Willen beschneiden:

Tatsächlich schränken nicht Menschen die so leben wie sie leben wollen andere Menschen ein sondern Menschen die glauben von anderen eingeschränkt werden zu können. Der Glaube beeinflusst werden zu können kommt davon dass sie ihr Leben nach anderen ausrichten. Sie vertrauen anderen Menschen mehr als sich selbst. Es ist ihnen nur nicht bewusst.[9]

Wer das Buch Illusionen von Richard Bach liest weiß dass Shimoda am Ende erschossen wird. Shimoda ist der einzige Mensch in dieser Geschichte der so lebt wie er will und sagt was er denkt. Der Mensch der ihn erschießt fühlt sich von seinen Worten bedroht da ihm nicht bewusst ist dass niemand ihn beeinflussen kann. Er tötet Shimoda weil er glaubt danach wieder so leben zu können wie vor Shimodas Erscheinen. Tatsächlich war sein Leben nie von Shimoda bestimmt, er hat es sich nur nicht bewusst gemacht.[10]

Wenn Menschen heute auf einen Erlöser warten der ihnen mitteilt dass sie selbst die Macher sind dann ist dieses Buch ein Erlöser und Bedarf nicht seiner Tötung.

*

---

[9] Siehe folgende Kapitel Seite 42
[10] Siehe folgende Kapitel Seite 42

Der Film Matrix ist bei vielen Menschen nicht nur wegen seiner Kampfszenen beliebt sondern auch wegen seines Inhalts. In diesem Film übernimmt ein Erlöser namens *Neo* die Initiative als Macher um die Menschen aus der Gefangenschaft der Matrix zu befreien.

Die Matrix selbst wird von einem Widerstandskämpfer namens **Morpheus** in einem Dialog mit *Neo* (Hauptdarsteller im Film) beschrieben:

Du siehst aus wie ein Mensch der das was er sieht hinnimmt weil er damit rechnet das er wieder aufwacht.... Du bist hier weil du etwas weißt. Etwas das du nicht erklären kannst aber du fühlst es ... Dieses Gefühl hat dich zu mir geschickt.

Neo: *Was ist die Matrix?*

Morpheus: *Kontrolle! Die Matrix ist ein System Neo. Dieses System ist unser Feind. Was aber siehst du wenn du dich innerhalb des Systems bewegst? Geschäftsleute, Lehrer, Anwälte, Tischler. Die ... Menschen die wir zu retten versuchen. Bis es dazu kommt sind diese Menschen immer noch Teil des Systems und das macht sie zu unseren Feinden. Du mußt wissen daß die meisten von ihnen noch nicht so weit sind abgekoppelt zu werden. Viele dieser Menschen sind so angepaßt und vom System abhängig daß sie alles dafür tun um es zu schützen.*

Die Matrix wird als ein System dargestellt das die Fäden zieht und Kontrolle über die Menschen ausübt. Das wird spätestens bei den Schlussworten **Neos** deutlich:

*Ich weiß das ihr Angst habt. Angst vor uns. Angst vor Veränderungen. Wie die Zukunft wird weiß ich nicht. Ich bin nicht hier um euch zu sagen wie die Sache ausgehen wird. Ich bin hier um euch zu sagen wie alles beginnen wird. Ich werde den Hörer auflegen und den Menschen das zeigen was sie nicht sehen **sollen**. Ich zeige ihnen eine Welt ohne euch. Eine Welt ohne Gesetze, ohne Kontrollen und ohne Grenzen. Eine Welt in der alles möglich ist. Wie es dann weitergeht das liegt ganz an euch.*

Dieser Film zeigt ein in den Köpfen vieler Menschen existierendes Bild: Ein Retter kommt und befreit die Menschen aus ihrer Realität. Dieses Weltbild mit der Darstellung einer Übermacht die nur ein Erlöser besiegen kann entspricht nicht der Realität. Systeme werden in dieser Welt von Menschen erschaffen. Der Schluss müsste daher lauten: *Ich werde . . . den Menschen das zeigen was sie nicht sehen.*

Im Film besiegt Neo am Ende die Matrix, die dann keine Macht mehr über ihn hat. Was in Neo in diesem Schlüsselmoment vorgeht wird vorher in einer Szene mit **Morpheus** dargestellt:
Du ...lebst in einem Gefängnis das du weder anfassen noch riechen kannst. In einem Gefängnis für deinen Verstand. Nicht denken! Wissen! Komm schon hör auf es zu versuchen! Mach es! Ich will deinen Geist befreien Neo, aber ich kann dir nur die Tür zeigen. Durchgehen mußt du ganz allein. ... Mach dich von allem frei ... Du mußt deinen Geist befreien.

Morpheus sagt zu Neo dass alles vom Kopf ausgeht und die Freiheit darin liegt sich von seinen eigenen Vorgaben zu befreien.

*

Es sind die Vorgaben eines Menschen die ihn dazu bringen Dinge immer wieder gleich anzugehen und zu gewohnheitsmäßigem Handeln führen. Durch Gewohnheiten kann nichts einmaliges entstehen obwohl ein Moment tatsächlich nur ein Mal existiert. Momente werden von Menschen nur gleich empfunden da sie gleich angegangen werden.

Ein junges Ehepaar stand in seiner Küche. Die Frau bereitete zum Abendessen eine große Scheibe Speck zu. Sie nahm zwei Pfannen, schnitt den Speck in der Mitte in zwei Teile und legte jede Hälfte in eine Pfanne. Ihr Mann stand neben ihr und beobachtete sie dabei. Als er sah wie sie die Scheibe Speck in zwei verschiedenen Pfannen anbraten wollte fragt er warum sie den Speck so zubereitet und nicht in einer, wo sich der Speck im Ganzen hineinlegen ließe. Die Frau antwortete daß ihre Mutter es schon so gemacht hätte.

Beim nächsten Familientreffen brachte die junge Frau diese Art der Zubereitung zur Sprache und fragte ihre Mutter nach dem Grund für diese Zubereitungsart. Ihre Oma die auch in der Runde saß lachte als sie das hörte. Nachdem sie alle fragend ansahen erwiderte sie: *Ich besaß nie eine Pfanne die groß genug war um den Speck an einem Stück anzubraten.*

Viele Handlungen werden nur aus Gewohnheit heraus gemacht. Schon die Zuordnung eines Tages zu einem Wochentag wie Montag macht diesen Tag zu einem Tag an dem man glaubt ähnliches wie an den Montagen zuvor zu erleben. Dieser Tag erinnert zum Beispiel an den ersten Arbeitstag der Woche. Den Tag an dem das Wetter oft schlecht ist. Den Tag an dem man müde ist und so weiter. Kein Wunder dass Menschen das Leben auf dieser Erde langweilig empfinden.

*

Gewohnheiten erschaffen jedoch nicht nur Alltag sondern sind auch der Grund warum Menschen unfähig sind auf außergewöhnliche Ereignisse zu reagieren. Ein Mensch der in seinem Leben Handlungen regelmäßig wiederholt verkümmert seinen Verstand weil er nicht im Moment denkt. Passiert in einem Moment seines Lebens etwas außergewöhnliches, etwas dass noch nicht stattgefunden hat, wird die Gewohnheit zum Verhängnis. Er ist nicht imstande auf den Moment umzuschalten.

Naturvölker sind weniger abgestumpft durch Gewohnheiten und eher fähig im Moment zu leben. Aufgrund des ständig wechselnden Umfelds können sie nur überleben wenn sie im Moment leben.

Eine Hauptgewohnheit der Menschen dieser Welt ist es gegen Bezahlung arbeiten zu gehen. Vor kurzem nahm ich an einer Diskussionsrunde teil. Die Teilnehmer diskutierten heftig über die aktuelle wirtschaftliche Lage in Deutschland und wie man sie verbessern kann. In der Runde meldete sich plötzlich ein in Deutschland lebender Afrikaner zu Wort. Er fragte die Leiterin der Diskussionsrunde warum es in Deutschland nicht die Möglichkeit für Tauschhandel gibt und warum alles mit Geld bezahlt wird. Die Diskussionsleiterin gab ihm darauf keine Antwort. Es schien als habe sie diese Möglichkeit noch nicht in Betracht gezogen. Als ich mich am Ende der Veranstaltung mit dem Afrikaner unterhielt berichtete er mir von seinem Dorf in Afrika wo die Einwohner alles über Tauschhandel und Nachbarschaftshilfe abwickeln. Ich äußerte Bedenken dass so etwas derzeit in Deutschland möglich ist da alles stark reglementiert und organisiert ist und das Geld bei den Menschen hier einen höheren Stellenwert hat als in Afrika.

In einer Tageszeitung stand vor kurzem ein interessanter Artikel über Argentinien. Die Überschrift lautete *"Auswandern aus der Armut"*. Zusammengefasst ging es in dem Artikel darum daß viele Argentinier ihr Land verlassen um vor der argentinischen Wirtschaftskrise zu fliehen. Das ehemalige Einwanderungsland wird zum Auswanderungsland. In diesem Zusammenhang möchte ich auf die Aussage einer Argentinierin (Frau Lia Amartino) eingehen. Sie sagte: *„Ich wollte nie weg aus meinem Land. Aber ich habe 25 Jahre hart gearbeitet und stehe jetzt vor dem Nichts. Wenn einem das Land, in das man so viel investiert hat, nichts zurückgibt, muss man gehen."*

Frau Amartino hat sich wie viele Menschen in dieser Welt dafür entschieden berufstätig zu sein und sich auf den Staat als Rentenzahler verlassen. Jetzt wo es dem Staat Argentinien nicht mehr gut geht wirft sie es ihm vor. Tatsächlich war es ihre freie Entscheidung arbeiten zu gehen.

*

Im Zusammenhang mit Geld verstehe ich auch nicht warum Bücher über Weltverschwörungen einen solchen Zulauf haben. Selbst wenn jemand das alleinige Eigentum an allen Medien wie Zeitungen, Bücher, Fernsehen oder Radio auf dieser Welt für sich beansprucht wäre der Einfluss der Medien auf die Menschen allein von deren Annahme der durch die Medien verbreiteten Informationen abhängig.

Der Einfluß auf einen Menschen steht und fällt *nur* mit dem Vertrauen eines Menschen in sich selbst und ist vollkommen unabhängig von außen.

Also unabhängig davon wer oder was in dieser Welt die Weltmacht zu haben glaubt so ist diese immer von der Anerkennung durch den Einzelnen abhängig und kann daher niemals Weltmacht sein. DER EINZELNE ALLEIN HÄLT DIE TATSÄCHLICHE MACHT IN HÄNDEN DAS WELTGESCHICK ZU STEUERN UND NIEMAND SONST. DAS IST AUCH DER GRUND WARUM NOCH KEIN SYSTEM IN DIESER WELT ÜBERLEBT HAT.

*

Es ist unlogisch sich nach außen zu richten. Jedes Wesen ist einzigartig und nie so wie ein anderes Wesen, auch wenn es sich noch so sehr bemüht so zu sein wie andere.

Ein Individuum kam auf die Erde in Gestalt eines Fisches. Sein Name war *Perfekt*. *Perfekt* schwamm in allen Ozeanen der Erde. Eines Tages begann er sich zu fragen ob das alles war was das Leben zu bieten hatte. Er wußte da war eine vollkommene Welt in der alles möglich ist und die es zu finden galt.

Er wollte sich gerade auf die Suche danach machen als eine Gruppe Haie vorbei schwamm die sich die Weißen nannte. *Perfekt* fragte sie wohin sie wollen. Sie antworteten sie wüßten es selbst nicht, er solle einfach mitschwimmen. *Perfekt* dachte bei sich: *„Vielleicht kann mir diese Gruppe die* *vollkommene Welt zeigen daher schließe ich mich ihnen an.*" So kam es daß *Perfekt* den Weißen folgte. Es vergingen viele Tage und er entdeckte viel neues durch die Weißen.

Eines Tages merkte er jedoch daß er seinem Ziel auf der Suche nach der vollkommenen Welt noch nicht näher gekommen war als plötzlich eine Thunfischgruppe vorbei schwamm die sich die Schwarzen nannte. Auch sie befragte *Perfekt* nach dem richtigen Weg. Die Antwort war die gleiche wie die der Weißen: *„Wir wissen es selbst nicht aber folge uns."*

So kam es daß sich *Perfekt* von den Weißen verabschiedete und den Schwarzen folgte. Als Gruppenmitglied erlebte er auch mit den Schwarzen viel und glaubte der vollkommenen Welt immer näher zu kommen. Irgend wann stellte er jedoch fest daß ihm das Leben mit dieser Gruppe nicht die erhofften Antworten gab und daß die Suche nach der vollkommenen Welt in unendliche Ferne zu rücken schien.

Als dann eine ihm bisher unbekannte Fischart, die Grauen, über den Weg schwamm faßte er einen Entschluß *Dies soll mein letzter Versuch sein mich einer Richtung anzuschließen um mein erhofftes Ziel zu erreichen!* Er versprach sich besonders viel von den Grauen da sie durch ihr außergewöhnliches Aussehen und die Weise wie sie lebten als Außenseiter galten und ihm sicher neue Sichtweisen eröffnen konnten.

Wieder vergingen viele Tage. *Perfekt* wurde immer deprimierter da er die vollkommene Welt noch nicht gefunden hatte und beschloß deshalb seinen eigenen Weg zu gehen.

Er hatte festgestellt daß jede Richtung nur eine Ausprägung der anderen Seite war. In keiner konnte er sich jedoch wiederfinden. *Perfekt* hatte bisher nicht bedacht daß er einzigartig war genau wie die anderen Wesen und es deshalb unmöglich war sich auf eine vorgegebene Richtung festzulegen. Schlagartig wurde ihm klar daß das die Antwort war die er so verzweifelt gesucht hatte. Er sollte einfach nur so sein wie er ist. Er entschloss sich daher nicht mehr Teil eines Systems zu sein und blickte nach oben. Dabei entdeckte er in der Ferne ein schwaches Licht. In diesem Moment wußte *Perfekt* daß es für ihn nur einen Weg gibt und das ist der Weg dem Licht entgegen nach oben. Voller Eifer schwamm er dem Licht nach bis es immer heller wurde und er schließlich an der Wasseroberfläche auftauchte.

In diesem Moment wußte *Perfekt* daß er die vollkommene Welt gefunden hatte. Die anderen Fische hatten ihm nur Wissen mitgeteilt dass sie von anderen übernommen hatten. Da er vor seinem Auftauchen an der Wasseroberfläche glaubte dass nur möglich ist was bereits existiert sah er nicht die Möglichkeiten die in jedem Moment tatsächlich existieren, und er erkannte was schon immer vorhanden war *DASS ER SEINE REALITÄT ERST SELBST ERSCHAFFT.*

*

ALLES WAS IN DIESER REALITÄT EXISTIERT, EXISTIERT AUFGRUND DES BEWUSSTSEINS DER HIER LEBENDEN WESEN. Dabei ist nicht wichtig wie die Wesen zu ihrem Bewusstsein gekommen sind sondern dass sie die Welt in der sie leben nach ihrem Bewusstsein erschaffen.

Um an einem Beispiel zu zeigen was das Bewusstsein eines Menschen ist nehmen wir den Glauben eines Menschen an eine Religion. Die Vorgaben einer Religion wurden zu einer anderen Zeit in der Vergangenheit gemacht. Werden diese Vorgaben von Menschen angewendet treten sie in Kraft. Hält sich ein Gläubiger nicht an sie glaubt aber an die Vorgaben tritt eine Realität in Kraft die vom Gläubigen als Bestrafung empfunden wird.

Das Entscheidende bei diesem Beispiel ist nicht die Einhaltung oder Nichteinhaltung der Vorgaben sondern der Glaube eines Menschen. Dieser Glaube ist übernommenes Gedankengut, das nur durch den Glauben eines Menschen an dieses Gedankengut real wird.

Eine Bestrafung findet daher nicht statt weil die Vorgaben einer Religion nicht eingehalten werden sondern weil ein Mensch in diesen Fällen an Bestrafung glaubt. Die Bestrafung ist daher eine Selbstbestrafung.

Diese Tatsache sollte bei einem Menschen zu der Einsicht führen dass übernommenes Gedankengut anderer ihm schaden kann. Würde er sich bewusst machen dass er die Bestrafung durch seinen Glauben an Bestrafung selbst auslöst müsste er sie nicht mehr erleben.

Am Beispiel des Glaubens eines Menschen wird deutlich dass das Bewusstsein eines Menschen nicht nur aus bewusst gelebten Momenten besteht sondern auch aus unbewusst gelebten Momenten. NEBEN BEWUSST GELEBTEN MOMENTEN IN DENEN EIN MENSCH GEWOLLT EREIGNISSE HERVORRUFT, ERZEUGT ER AUCH DURCH UNBEWUSST GELEBTE MOMENTE

EREIGNISSE DIE NICHT VON IHM GEWOLLT SIND UND ALS NEGATIV EMPFUNDEN WERDEN. Ungewollte Ereignisse ordnen Menschen dem Zufall oder einer nicht beeinflussbaren Übermacht zu. Tatsächlich führt ein Mensch auch unbewusst erzeugte Ereignisse selbst herbei. Da ihm dies jedoch nicht bewusst ist bemerkt er diese Tatsache nicht.

Schicksalsschläge als Beispiel für unbewusst erzeugte Ereignisse finden statt weil Menschen ihr Leben nicht bewusst leben. Eine Krankheit als Beispiel für einen Schicksalsschlag hat ein Kranker selbst herbeigeführt. Ein logischer Beweiß dafür ist schon die Tatsache daß Krankheiten bei den meisten Menschen nur ab und zu in ihrem Leben auftreten. Manche Krankheiten hat ein Mensch in seinem Leben sogar nur ein Mal. Betrachtet der Kranke den Lebensmoment in dem die Krankheit ausgebrochen ist, stößt er auf den Umstand der zu dieser Änderung in seinem Leben geführt hat. Heilung ist daher nur durch den Kranken möglich da nur er die Ursache dafür kennt. Krankheit und Heilung sind in Wirklichkeit jedoch nur Mittel zum Zweck. Durch die Heilung werden nicht nur die Symptome einer Krankheit abgestellt sondern der Kranke hat sich etwas bewusst gemacht und in seinem Leben verändert was er während seiner Krankheit noch in sich trug. Eine Krankheit führt daher nur zu bewusster Lebensführung und wäre nicht notwendig würde ein Mensch schon bewusst leben.

Unbewusst leben kommt vom Mangel an Vertrauen eines Menschen in sich selbst. Ein Mensch der sich nicht selbst vertraut glaubt eher an Dinge die in dieser Welt schon existieren und von anderen stammen als an eigene. Das ist der Fall bei vielem an das sich Menschen auf der Erde inzwischen gewöhnt haben. Egal ob es sich darum handelt dass ein Mensch arbeiten geht, die Schule besucht, ob er in einer Familie lebt, ob er glaubt altern oder sterben zu müssen, die Zeitrechnung die vor 2000 Jahren begonnen hat anerkennt, Eigentum besitzt, einer Religion beitritt, glaubt essen zu müssen, heiraten zu müssen oder, um es abzukürzen, ob ein Mensch glaubt sich nach irgend etwas ausrichten zu müssen.

*

Etwas das ein Mensch von einem anderen übernimmt ist der Glaube nicht mit einem anderen Menschen außer dem Partner schlafen zu dürfen.

Betrachtet man so eine Situation wie sie tatsächlich ist treffen in einem solchen Moment nur die anwesenden Personen die Entscheidung. Handeln die Personen die in dieser Situation sind ohne darüber nachzudenken ist es das was sie wirklich machen wollen und entspringt ihrem Willen.

Erfährt der Partner später davon und fühlt sich dadurch verletzt ist es seine Entscheidung. KEIN MENSCH KANN EINEN ANDEREN MENSCHEN DURCH SEINE HANDLUNG VERLETZEN WENN DIESER NICHT VERLETZT WERDEN WILL. Ein Mensch der eine Entscheidung nur deshalb trifft um einen anderen Menschen nicht zu verletzen handelt nur für diese Person.

Ein anderer Mensch will auch schöne Momente mit diesem Partner erleben. Der Betrogene könnte zum gleichen oder einem späteren Zeitpunkt vor der gleichen Wahl stehen. Trifft er dann die Entscheidung für seinen Partner hat er seine Entscheidung von ihm abhängig gemacht und die Möglichkeit seinen freien Willen unabhängig von einem anderen Menschen zu leben abgegeben.

Eine Entscheidung kann niemand anderes für einen treffen als man selbst, und wird ja auch tatsächlich von einem Menschen selbst getroffen. In den meisten Fällen der Treue werden Entscheidungen nur getroffen um dem Partner einen Beweis dafür zu liefern dass er vertrauen kann. Dieses Vertrauen soll bei einer Versuchung in die der Partner selbst kommen könnte von ihm eingelöst werden.

Eifersucht ist eine Emotion die entsteht wenn sich jemand diese Freiheit nicht zugesteht. Die Freiheit in jedem Moment unabhängig von einem anderen Menschen zu handeln und seinen freien Willen zu leben. Solche Situationen werden oft als Vertrauensbruch zwischen zwei Menschen empfunden. TATSÄCHLICH KANN ES NIEMALS VERTRAUEN ZWISCHEN ZWEI ODER MEHREREN MENSCHEN GEBEN SONDERN IMMER NUR DAS VERTRAUEN EINES MENSCHEN IN SICH SELBST. Der Grund dafür ist der freie Wille eines Menschen. Gäbe es eine andere Form des Vertrauens, neben Selbstvertrauen, wie das Vertrauen zwischen einem Paar, so würde der Wille eines Menschen vom Willen des Partners abhängig sein. Wirklich vorhanden ist jedoch nur der freie Wille eines jeden Menschen und entspricht der Möglichkeit sich frei zu entscheiden.

Ich habe bewusst das Thema Sexualität gewählt da es in unserer Gesellschaft überbetont wird. Indem ein Mensch intim wird glaubt er verletzbar zu sein. Er öffnet sich einem anderen Menschen. Was könnte einem Menschen genommen werden dass er selbst nicht zu verlieren glaubt?

Betrachtet man einmal warum ein Mensch mit einem anderen schläft so ist ein Grund dafür dass ein Mensch einen anderen Menschen begehrt. Begehrt wird ein Mensch in dieser Welt wegen seiner Eigenschaften: schön, sensibel, reich, bescheiden, ehrlich, klug, gut und so weiter. Tatsächlich beruht die Vorstellung über einen anderen Menschen nur auf ein Bild das ein Mensch von einem anderen in seinem Kopf hat und seiner positiven Wertung entspringt. Verblasst diese Vorstellung im Kopf wird ein neuer Partner gesucht der diese oder andere Eigenschaften erfüllen soll.

*

In dem Film "*Jenseits von Afrika*" ist ein interessanter Dialog zum Thema Ehe und Partnerschaft enthalten.

Robert Redford und Meryl Streep sitzen am Meer bei einem Lagerfeuer. Sie fragt ihn ob er sie heiraten will. Er antwortet darauf daß er sie wegen eines Scheines nicht mehr lieben wird. Das Gespräch geht weiter und sie wird dringlicher.

Er kontert darauf: *Wie sollte eine Heirat etwas ändern?*

Sie antwortet: *Ich hätte jemanden ganz für mich allein.*

Er erwidert: *Nein, hättest du nicht!*

Einige Szenen später als sie am Kaminfeuer ihres Hauses sitzen fragt **sie:** *Warum ist dir deine Freiheit wichtiger als meine?*

Er entgegnet: *Ist sie nicht. Ich habe deine Freiheit nie beeinträchtigt.*

Sie: *Aber ich brauche dich.*

Er antwortet: *Du brauchst mich nicht. Wenn ich sterbe stirbst du dann auch? Du brauchst mich nicht. Du verwechselst brauchen mit wollen, das hast du immer getan.*

Sie entgegnet: *Mein Gott in der Welt die du erschaffen würdest gäb es überhaupt keine Liebe.*

Darauf **er:** *Oder in ihrer besten Art. Die, die wir nicht beweisen müssen.*

Der Ausgang dieses Gesprächs ergibt sich erst am Ende des Films bei seiner Beerdigung als **sie** seine Grabrede hält und mit den Worten schließt: *Er gehörte nicht uns. Er gehörte nicht mir.*

Menschen die in Partnerschaften leben sehen sich nicht als Individuum sondern als Partner. Außerdem leben Menschen eine Beziehung über einen bestimmten Zeitraum hinweg. Tatsächlich existiert immer nur der Moment, dann der nächste Moment und wieder der nächste Moment und so weiter. Selbst wenn ein Mensch in die Zukunft oder Vergangenheit reist hat er immer nur Momente die er erlebt. Eine Ehe oder Partnerschaft nimmt in Anspruch einen bestimmten Zeitraum zu dauern und läßt dem Moment keinen Raum.

Schon seit einiger Zeit suche ich nach dem Grund warum Mann und Frau heiraten. Erst kürzlich erhielt ich eine Antwort von einem Bekannten der verheiratet war und inzwischen geschieden ist. Als ich ihn fragte warum er geheiratet hat antwortete er: *„Aus Sicherheit."* Mir stellt sich in diesem Zusammenhang die Frage warum ein Mensch in dieser Welt ein so starkes Sicherheitsbedürfnis hat.

Ich komme nur auf eine einzige logische Erklärung dafür. Ein Bedürfnis nach Sicherheit hat ein Mensch in dieser Welt nur weil ihm nicht bewusst ist dass er alle Momente selbst in der Hand hat. MACHT SICH EIN MENSCH BEWUSST DASS ER ALLE MOMENTE TATSÄCHLICH SELBST IN DER HAND HAT GIBT IHM GENAU DAS DIE SICHERHEIT DIE ER ZU BRAUCHEN GLAUBT.

*

Die Realität dieser Welt besteht aus schemenhaftem Leben. Menschen leben danach ob es Montag oder Freitag ist, wie alt ein Mensch ist, ob er verheiratet ist, was ein Mensch arbeitet, ob es Weihnachten oder Silvester ist und so weiter.

In dem Moment eines Tages indem ein Mensch aus seinem Schlaf erwacht nimmt er eine Einordnung vor. Das läuft zum Beispiel so ab dass er sich gedanklich sagt: *„Ich bin Franz Trott. Heute ist Freitag ich muss heute dies und das erledigen dann kommt das Wochenende."* Von diesem Moment an läuft dieser Tag dann so ab wie er ihn festgelegt hat und ähnlich immer wieder erlebt.

Innerhalb dieser Einordnung nimmt ein Mensch verschiedene Rollen ein. Ein typischer Tagesablauf könnte so verlaufen dass er nachdem er erwacht ist seinen Partner küsst und zum Ehepartner wird. Anschließend weckt er die Kinder und schlüpft in die Rolle eines Elternteils. Wieder etwas später geht er zur Arbeit und erscheint dort als Kollege oder Chef. Nach Feierabend geht er kegeln mit seinen Freunden und ist Freund. Abends geht er nach Hause und ruft seine Mutter oder seinen Vater an und ist Kind. Oder er ruft seinen Bruder oder seine Schwester an und ist Geschwister.

Ein Mensch ordnet sich selbst etwas zu. Erwachsene leben ihren Alltag immer so weiter bis sie sterben. Dabei stirbt ein Mensch nur weil er seine Rolle als *Franz Trott* beenden will um in eine andere Rolle zu schlüpfen.

Zu dem Leben eines Menschen in einer Rolle gibt es auch einen Dialog in dem Film "*Jenseits von Afrika*". Meryl Streep erzählt Robert Redford von ihrer durchlebten Krankheit (Syphilis) und ihrem zukünftigen Leben ohne Kinder.
Sie: *Mein Leben soll jetzt ein ganz normales sein, leider ohne Kinder . . . die Farm das ist mein Leben jetzt.*
Er antwortet: *Nein.*

Menschen ordnen sich selbst etwas zu. Es ist der Kopf der die Zuordnung vornimmt. Andere Möglichkeiten werden nicht erkannt und nicht gelebt. Tatsächlich ist alles möglich und unterliegt nur der Einschränkung durch den Menschen selbst.

Als Kind sind Menschen in Rollenspiele als Supermann, Robin Hood, Prinzessin, Erwachsener[11], Zauberer, Monster, Geist oder in selbst ausgesuchte Figuren geschlüpft. In diesen Momenten sind sie eins geworden mit diesen Figuren. Genau das Gleiche geschieht heute, nur dass Erwachsene Rollen von Erwachsenen übernehmen und die Rollenspiele länger andauern.
Die Rolle als Vater oder Mutter wird von vielen ein Leben lang gespielt. Die Berufsrolle endet bei der Mehrheit mit ihrer Rente. Die Rolle als die Person X (*Franz Trott*) endet mit dem Tod dieser Person.

---

[11] In der Rolle des Erwachsenen war alles erlaubt.

Für viele Erwachsene sind diese Rollen so real dass sie nicht mehr sehen dass sich dahinter ein Mensch verbirgt. Dieser Mensch ist es der handelt und nicht die Rolle die er spielt. Daher sind Handlungen die in einer Rolle gemacht werden auch immer persönlich. Aus diesem Grund kann niemals ein Polizist, Pfarrer, Hartz IV-Sachbearbeiter, Bundeskanzler, Ehemann, Arzt, Lehrer, Politiker, Mutter, Vater und so weiter als die Rolle angesehen werden die handelt, sondern der Mensch der diese Rolle spielt.

Das schemenhafte Leben in dieser Welt trifft auch auf Gespräche mit Menschen zu bei denen immer wieder die gleichen Themen besprochen werden: *„Hallo Frau Z.., wie geht es Ihnen heute?" „Hallo Frau T..., wie immer."* Gespräche die nicht dem Moment entsprechen.

Das schemenhafte Leben in dieser Welt erklärt auch das Interesse für spektakuläre Ereignisse. In spektakulären Momenten geschieht etwas außer der Reihe, etwas abseits vom Alltagstrott. Da Menschen in dieser Welt nicht im Moment leben sind spektakuläre Ereignisse Situationen die der Einmaligkeit eines Moments am ehesten entsprechen und den Moment auch als Moment erleben lassen.

*

Ein Mensch der tut was er will gilt in dieser Welt als Egoist. Menschen glauben dass ein Egoist auf Kosten anderer lebt. Bei dieser Annahme gehen sie von sich aus. Indem sie sich nach anderen Menschen oder Vorgaben richten schränken sie sich selbst ein und glauben eingeschränkt werden zu können:

Sie glauben ein Mensch kann von einem anderen bestimmt werden und haben ihr Vertrauen in sich verloren. Der Glaube an Bevormundung bestimmt ihre heutige Realität.[12]

Ein Mensch der lebt wie er will kann nur so leben weil ihm bewusst ist dass er unabhängig von anderen ist und weiß dass er nicht eingeschränkt werden kann. TATSÄCHLICH SCHRÄNKEN NICHT MENSCHEN DIE SO LEBEN WIE SIE LEBEN WOLLEN ANDERE MENSCHEN EIN SONDERN MENSCHEN DIE GLAUBEN VON ANDEREN EINGESCHRÄNKT WERDEN ZU KÖNNEN. Der Glaube beeinflusst werden zu können kommt davon dass sie ihr Leben nach anderen ausrichten. Sie vertrauen anderen Menschen mehr als sich selbst. Es ist ihnen nur nicht bewusst.

Wer das Buch *Illusionen* von Richard Bach liest weiß dass *Shimoda* am Ende erschossen wird. *Shimoda* ist der einzige Mensch in dieser Geschichte der so lebt wie er will und sagt was er denkt. Der Mensch der ihn erschießt fühlt sich von seinen Worten bedroht da ihm nicht bewusst ist dass niemand ihn beeinflussen kann. Er tötet *Shimoda* weil er glaubt danach wieder so leben zu können wie vor *Shimodas* Erscheinen. Tatsächlich war sein Leben nie von *Shimoda* bestimmt, er hat es sich nur nicht bewusst gemacht.

---

[12] Siehe Seite 22

Betrachtet man dazu ein paar Alltagszenen wird deutlich warum Menschen nicht so leben wie sie leben wollen sondern sich nach anderen richten:

* Frau W... wird von ihren Gästen gelobt weil sie einen guten Kuchen gebacken hat und fühlt sich gut.

* Herr X... hat eine neue Garage am Haus errichtet. Bei einem Gespräch mit seinem Nachbarn erfährt er dass dem Nachbarn die Bauweise zu hoch ist. Da Herr X... Ärger vermeiden will wird die Garage abgetragen und eine kleinere Garage errichtet.

* Die Schwester rät während ihrer Abwesenheit nach der Mutter zu sehen. Frau Y... sagt zu obwohl sie das Haus in dieser Zeit einem Frühjahrsputz unterziehen wollte.

* Herr Z... rügt seinen Sohn da er schon lange Zeit arbeitslos ist. Die Nachbarschaft tratscht schon über den faulen Sohn der keine Lust hat arbeiten zu gehen. Herr Z... liefert sich mit ihm in wöchentlichen Abständen heftige Streitereien. Eigentlich versteht er ja seine Einstellung, will aber auf keinen Fall zulassen dass die Nachbarschaft den Sohn für faul hält.

Es gibt unzählige Beispiele in denen sich Menschen nach anderen richten. Wenn ein Mensch seine Meinung von anderen abhängig macht erwartet er etwas im Gegenzug. Er will die Zustimmung der anderen.

Die Vorstellung von einer harmonischen Welt in der einer den anderen liebt und akzeptiert. Wie harmonisch ist eine Welt in der man so sein soll wie andere das wollen und niemals so ist wie man will? Abgesehen davon wollen die anderen in Wirklichkeit ja auch nur so sein wie sie sind.

In dem Film "*Fearless - Jenseits der Angst*" lebt ein Mann seinen Alltag in Beruf und Familie. Das Essen von Erdbeeren löst bei ihm Erstickungsanfälle aus. Alles verläuft geregelt bis zu einem Tag an dem er in einem Flugzeug abstürzt und unter den wenigen Überlebenden ist. Von diesem Tag an ändert sich schlagartig sein Leben. Er selbst sagt das es das Beste sei das ihm in seinem Leben passiert ist. Er glaubt ab diesem Zeitpunkt dass er nicht mehr sterben kann. Er sagt später er könne nicht mehr sterben da er bereits im Moment des Flugzeugabsturzes gestorben sei. Dadurch hat er keinerlei Ängste mehr. Das wird im Film dargestellt indem er am Rande eines Hochhausdachs entlang läuft, Erdbeeren isst ohne Erstickungsanfälle zu erleiden und sein Auto mit Vollgas gegen eine Wand fährt.

Wie schon erwähnt verändert sich sein Leben auf einen Schlag. Er verändert es. ER LEBT EINZELNE MOMENTE IN SEINEM LEBEN WIE ER WILL. Das führt dazu dass er nicht mehr geregelt arbeiten geht. Er geht spontan mit einer Freundin die mit ihm den Absturz überlebt hat einkaufen und zeigt ihr die schönen Häuser einer Stadt ... UND ER SAGT WAS ER DENKT.

Die Umwelt kommt mit ihm nicht klar. Weder seine Frau noch sein Sohn oder sein Rechtsanwalt verstehen ihn. Sie verstehen nicht da sein Verhalten nicht den bestehenden Regeln entspricht. So steht er irgend wann ganz allein da. Nicht einmal die gute Freundin mit der ihn der Flugzeugabsturz verbindet bleibt ihm zum Reden erhalten. Sie verabschiedet sich von ihm da sie seine Ehe nicht zerstören will. Der Film endet wie viele Filme und existierende Regeln bleiben bestehen. Er isst eine Erdbeere und erleidet einen Erstickungsanfall. Er fällt zu Boden, gerät in Atemnot und wird durch den Zuspruch seiner Frau gerettet.

Allein die Tatsache dass in dieser Welt Menschen nicht sagen was sie denken da ihre Gedanken nicht mit der Realität in der sie leben übereinstimmen zeigt dass mit dieser Welt etwas nicht stimmt. Menschen stehen hier nicht zu ihren Gedanken weil sie durch Erziehung ihr Vertrauen in sich verloren haben. Würde ihnen bewusst sein dass ihre Gedanken nur durch sie in diese Welt kommen können und nur deshalb noch nicht vorhanden sind würden sie ihre Gedanken ohne Zögern einbringen. Dadurch dass sie ihre Gedanken nicht einbringen bleibt diese Welt wie sie ist. Die Realität dieser Welt wird weiterhin von den Gedanken anderer erschaffen die auch nicht deren Gedanken sind (waren).

*

Nach der Schulzeit arbeitete ich ein Jahr in einem Altenpflegeheim. Damals glaubte ich dass es gut ist Menschen zu helfen. Heute weiß ich daß ich Menschen erst ermöglicht hatte ihre Krankheit zu leben indem ich sie in ihrer Lebenssituation unterstützte und nicht dazu beitrug ihren Zustand dahingehend zu verändern dass sie ihr Leben selbst in die Hand nehmen.

Inzwischen ist mein Opa pflegebedürftig und ich erlebe als Enkel wie ein Mensch zum Pflegefall wird. Angefangen hat es damit dass mein Großvater begann des Lebens müde zu werden und nichts mehr essen und trinken wollte. Er hatte beschlossen zu sterben.[13] Meine Tante und mein Vater wollten das nicht akzeptieren und sein Leben um jeden Preis erhalten daher begannen sie sich verstärkt um ihn zu kümmern. Diese Fürsorge reichte von regelmäßigen Besuchen bis hin zu kontrollierten Duschprozeduren bei denen mein Vater seinen Vater wusch.

Im weiteren Verlauf hatte mein Opa offene Wunden an den Fersen und wurde zur Behandlung in ein Krankenhaus eingewiesen. Von da an sah ich ihn nur noch im Rollstuhl. Nach seinem Krankenhausaufenthalt war es ihm nicht mehr möglich allein in seinem Haus zu leben da er sich inzwischen von der Fürsorge anderer Menschen abhängig gemacht hatte. Seine Kinder beschlossen deshalb ihn in ein Altenpflegeheim fünf Minuten von uns entfernt unter zu bringen. Seit dieser Zeit geht mein Vater zwei oder drei Mal die Woche zu ihm, kümmert sich um ihn und schiebt ihn im Rollstuhl spazieren.

---

[13] *Erwachsene sind nicht mehr in der Lage Möglichkeiten außerhalb dieser Lebensweise zu leben. Mit diesem Bild vor Augen kann leicht nachvollzogen werden warum Menschen auf dieser Erde alt und grau werden und sterben. Sie sehen was in dieser Welt existiert als die einzigen Dinge an die möglich sind.*(Seite 13)

Wäre den Menschen bewusst welche Realität sie in dieser Welt erzeugen, würden sie eine Realität erzeugen in der sie gern leben würden und niemand würde in dieser Welt mehr sterben wollen. (Seite 19f)

Als meine Eltern für drei Wochen in Urlaub waren besuchte ich ihn wann immer mir danach war. Dabei stellte ich fest daß er nicht einmal mehr in der Lage war selbständig zu essen. Er wurde gefüttert. Noch nie zuvor war mir die Erfahrung so bewusst was mit einem Menschen passiert der sein Leben in die Hände anderer gibt:

Dass Entscheidungen von älteren Menschen getroffen werden wird von Menschen bestimmt die vor den heutigen Kindern in diese Welt geboren wurden. Kinder haben an dieser Regelung kein Mitspracherecht und daher zu keinem Zeitpunkt die Möglichkeit selbstbestimmt zu leben. Sie können ihren Willen nur leben wenn sie sich gegen den Willen der Erwachsenen durchsetzen. Meistens ordnen sich Kinder dem Willen der Erwachsenen unter und übernehmen deren Vorgaben. Hier beginnt ein Mensch sein Leben in die Hände anderer zu geben und sein Vertrauen in sich zu verlieren.[14]

Die Altenpflegeheime sind voll von Menschen die ihr Leben nach anderen Menschen ausgerichtet haben. Ihr Leben als Pflegebedürftiger ist der Zeitraum indem sie schließlich alles in die Hände anderer Menschen geben.

Das ist eine Situation in der ein Mensch seine Möglichkeit sein Leben nach seinen Kräften zu leben abgibt. Derartige Situationen verschärfen sich noch mehr wenn andere Menschen dem Kranken bei seiner Krankheit helfen. Die Pflege führt nicht zu einer Verbesserung der Situation sondern verschlimmert sie dahingehend dass sich die Person immer mehr in die Hände anderer begibt und gar kein Interesse mehr daran hat irgend etwas selbst anzugehen.

Entscheidet sich ein Mensch zu sterben ist es seine Entscheidung. Ein Mensch kann sein Leben nur selbst leben. Ist das nicht der Fall stirbt er.

---

[14] Siehe Seite 22

Um so eine Lebenssituation als Betrachter durchstehen zu können bedarf es Vertrauen darauf daß sich ein Mensch nur selbst helfen kann. Vertrauen in einen anderen Menschen kann jemand nur haben wenn er Vertrauen in sich hat. Es ist deshalb nicht verwunderlich wenn ein Pfleger bei eigenen Krankheiten den Arzt aufsucht und dessen Aussage mehr vertraut als sich. Mit diesem Glauben ist es ihm nicht möglich darauf zu vertrauen dass sich ein Kranker nur selbst heilen kann.

Zum Thema Krankheit ist es interessant einem kranken Menschen einmal zuzuhören. In den meisten Fällen erwähnen die Kranken den Grund für ihre Krankheit im Gesprächsverlauf. Sie kennen den Grund für ihre Krankheit, machen ihn sich jedoch nicht bewusst und können daher auch keine Änderung an diesem Zustand vornehmen.

Vor kurzem begegnete mir eine Frau und erzählte mir daß ihr das Haus indem sie seit dem Tod ihres Mannes allein lebt zu viel Arbeit ist. Nebenbei erwähnte sie dass sie noch ihrem Sohn und seiner Familie so gut sie kann im Haushalt und bei der Kinderbetreuung hilft. Anschließend kam sie auf ihre Hüft- und Ellbogenprobleme zu sprechen und bemerkte dass sie eigentlich kürzer treten müsse. Abschließend sagte sie daß sie zwei Operationen machen lassen würde wenn sie Zeit hätte um wieder schmerzfrei zu sein.

Was soll ein Zuhörer dazu sagen? Die Frau hat erkannt wo das Problem liegt, erzählt mir ihre Geschichte und erhofft sich durch Operationen Schmerzfreiheit. Ich gab zurück was sie mir erzählt hat. Sie antwortete sie habe schon daran gedacht das Haus zu verkaufen und ein geregeltes Abkommen mit ihrem Sohn zu schließen welches ihr zugute käme, sei jedoch wieder davon abgekommen. Es war offensichtlich daß es ihr schwer fiel ihr gewohntes Leben zu ändern um ein Leben zu leben wie sie es sich insgeheim wünscht.

In solchen Momenten ist die Situation eindeutig. Ein Zuhörer müßte taub sein um den Sachverhalt nicht richtig zu verstehen. Mehrmaliges Zureden bringt da genauso wenig wie wenn man demjenigen die Arbeit abnehmen würde.

Bei diesem Beispiel wird deutlich daß obwohl auf der Hand liegt welche Änderungen vorzunehmen sind alles lieber beim Gewohnten bleibt.

*

Viele Menschen glauben dass Demenz eine Alterskrankheit ist. Mein Opa ist über achtzig und hat diese Krankheit. Meine Oma ist etwa im gleichen Alter und hat diese Krankheit nicht. Ich könnte jetzt auch statistische Zahlen nennen die beweisen dass so und so viel Prozent im Alter zwischen 70 und 90 Jahren daran erkrankt sind und so und so viele nicht. Mir stellt sich die Frage: *Wenn so und so viel Prozent im Alter zwischen 70 und 90 Jahren an Demenz erkranken, was ist dann mit der restlichen Prozentzahl?* Eben diese Restzahl ist der Beweis dafür dass Demenz keine typische Alterskrankheit ist und Krankheiten nicht automatisch entstehen wie zum Beispiel durch Erreichen eines bestimmten Alters.

Bei wissenschaftlichen Nachweisen wird oft erklärt daß eine Krankheit aus diesem oder jenem Grund auftritt. Nicht nur daß derartige Aussagen oft nach einiger Zeit zurückgenommen werden da man herausgefunden hat daß es an etwas anderem liegt. Wissenschaftliches Vorgehen wie medizinische Eingriffe bringen nur Heilung wenn der Kranke seine Krankheit im Glauben an einen medizinischen Eingriff selbst heilt. Da die Menschen in dieser Welt der Außenwelt (Wissenschaft, Technik, Religion, anderen Menschen) mehr glauben als sich selbst ist bei ihnen eine Behandlung von außen erfolgreicher:

Menschen die von klein an verlernen auf sich selbst zu vertrauen sind ihr Leben lang orientierungslos und auf die Außenwelt fixiert.[15]

Glaubt man der Überlieferung und Übersetzung des Neuen Testaments sagt Jesus zu einem Blinden in Lukas 18,42: *„Sei wieder sehend, dein Glaube hat dir Heilung gebracht."* Er sagt nicht *„Dein Glaube an mich hat dir Heilung gebracht."* oder *„Dein Glaube an Gott hat dir Heilung gebracht."* Er sagt: *„Dein Glaube hat dir Heilung gebracht."* Dieser Satz kann auch nur so verstanden werden. Niemand kann von außen wirklich geheilt werden. Der Geheilte in der biblischen Geschichte heilte sich durch seinen Glauben an die Heilkraft von Jesus tatsächlich selbst.

Unabhängig davon ob ein Kranker an einen Heiler, die Anwendung eines Heilverfahrens, der Verabreichung von Medikamenten oder sonst irgend etwas glaubt. Interessant ist dass sich ein Kranker durch seinen Glauben selbst heilt wenn er sich nicht bewusst macht warum er krank ist:

Krankheit und Heilung sind in Wirklichkeit jedoch nur Mittel zum Zweck. Durch die Heilung werden nicht nur die Symptome einer Krankheit abgestellt sondern der Kranke hat sich etwas bewusst gemacht und in seinem Leben verändert was er während seiner Krankheit noch in sich trug. Eine Krankheit führt daher nur zu bewusster Lebensführung und wäre nicht notwendig würde ein Mensch schon bewusst leben.[16]

*

---

[15] Siehe Seite 25
[16] Siehe Seite 35

Ähnlich dem Glauben an Heilung von außen existiert in dieser Welt ein Glaube an übermenschliche Fähigkeiten, wie dem Glaube an Geistheilung. Durch den Glauben an übermenschliche Fähigkeiten setzen sich Menschen selbst Grenzen da sie glauben etwas nicht vollbringen zu können.

Als ich vor Jahren mit meiner Mutter wegen ihrer chronischen Bandscheibenschmerzen einen Geistheiler besuchte und dieser ihr durch bestimmte Handbewegungen die Schmerzen nehmen konnte fragte ich ihn wie er das macht. Er sagte zu mir er wurde mit dieser Begabung geboren und es wäre unmöglich so etwas zu erlernen. Ich glaubte ihm nicht und begann mich über das Thema Geistheilung zu informieren. Ich las Bücher zu diesem Thema und besuchte Geistheilerseminare in denen sich das ganze nicht mehr so spektakulär darstellte. Nachdem ich an verschiedenen Heilseminaren und Heilsitzungen teilgenommen habe weiß ich dass eine Krankheit aus einem bestimmten Grund bei einer Person auftritt und dass die Person allein den Grund kennt und sich nur selbst heilen kann.

Der Geistheiler konnte die Schmerzen nur deshalb bekämpfen weil meine Mutter an seine Heilkraft glaubte. Als ihre Schmerzen wiederkehrten und der Heiler zudem seine Sitzungsgebühren erhöhte wurde ihr nach und nach bewusst dass das nicht die Lösung ihrer Probleme sei. Sie verlor den Glauben an seine Heilkraft, daher konnte der Heiler auch nichts mehr bei ihr bewirken. So machte ich durch die Erfahrung mit Geistheilung die Entdeckung das nichts unerklärliches hinter diesem Phänomen steckt, mag es auf den ersten Blick auch noch so übermenschlich wirken.

Das Interesse für übermenschliche Fähigkeiten kommt von Menschen die merken das mit dieser Welt etwas nicht stimmt. Sie wissen dass das was existiert nicht alles ist was möglich ist und sind genau wie *Perfekt* auf der Suche nach einer Welt in der alles möglich ist.[17]

*

Dass mit dieser Welt etwas nicht stimmt merken Menschen nicht erst bei der Auseinandersetzung mit übermenschlichen Fähigkeiten, sondern schon in ihrer Kindheit, bei ihrer Erziehung.

Ich habe vor einiger Zeit einen Artikel in einer Tageszeitung zum Thema Schule gelesen in dem es um Schulschwänzer in den USA ging. Dort gibt es Polizisten deren Aufgabe es ist Kinder mit hohen Fehlzeiten in der Schule von zu Hause abzuholen und zur Schule zu begleiten. Der Service wurde für die amerikanischen Bürger eingeführt die sich dadurch eine Erhöhung der Schulabschlussrate und eine Senkung der Arbeitslosigkeit erhoffen.

In Deutschland fallen mir zum Thema Schule zwei Ereignisse ein. Ich erinnere mich an den Amoklauf eines Schülers in Erfurt und an den Jungen aus Dortmund, der seine Eltern wegen schlechter schulischer Leistungen erschossen haben soll. Das ist die Realität in der wir leben und soviel ist sicher: kein Mensch will von anderen Menschen bestimmt werden, weder durch seine Lehrer noch durch seine Eltern:

Da die Kinder von damals heute selbst zu den Erwachsenen (Lehrer, Eltern) zählen möchten sie so eine Situation nicht noch einmal erleben daher sprechen sie für die Kinder von heute.[18]

Ich kann mich an mehrere Situationen in meiner Schulzeit erinnern in denen ich mir wünschte die Lehrer könnten meine Gedanken lesen mit denen ich sie anflehte mich

---

[17] Siehe Seite 31ff
[18] Siehe Seite 21f

nicht zu prüfen. Zu dieser Zeit fand ich weder einen Menschen der meine Gedanken lesen, noch jemanden mit dem ich darüber sprechen konnte. Ich kannte niemanden der dieses Schulsystem in Frage stellte. Die Mitschüler glaubten was sie erzählt bekamen dass die Schule wichtig ist und sie durch gute Noten zu ihrem Traumberuf kommen. Ein Beruf der immer Spaß macht und mit dem man gut Geld verdienen kann. Da ich niemanden hatte mit dem ich über meinen Wunsch einfach nur leben zu wollen sprechen konnte kam mir mehrfach in den Sinn mir das Leben zu nehmen. Mir schien das damals die einfachste Lösung. Es war ein Gefühl der Befreiung das mich jedes Mal zu diesem Gedanken hin trieb. Tatsächlich ausgeführt habe ich diesen Gedanken nie obwohl ich ihn regelmäßig hatte.

Betrachtet man einmal logisch welches Wissen sich Kinder in der Schule aneignen dann stößt man auf Schulfächern wie Sprachen, Chemie, Mathematik, Geschichte, Religion und so weiter. Das Wissen das sich Kinder in der Schule aneignen ist das Wissen anderer Menschen. Die in der Schule unterrichteten Fächer werden in unserer Sprache unter dem Begriff *Wissenschaften* zusammengefasst (Sprache, Sport, Natur, Recht, Wirtschaft und so weiter). Wie es das Wort sagt wird hier *Wissen geschaffen*. WISSEN IST ALSO NICHT VORGEGEBEN, SONDERN WIRD ERST VON MENSCHEN ERSCHAFFEN. In dem Moment indem ein Mensch Wissen erschafft ist dieses Wissen für ihn real. Für die Menschen die sich dieses Wissen aneignen gilt das gleiche wie für die Menschen die sich einen Glauben aneignen:

Dieses Wissen (Glaube) ist übernommenes Gedankengut, das nur durch den Glauben eines Menschen an dieses Gedankengut real wird.[19]

---

[19] Siehe Seite 34

Erst kürzlich sagte ein Außerirdischer in einem Science-Fiction-Film zu einem Erdenbewohner: *„WIR HABEN JAHRTAUSENDE GEBRAUCHT UM ZU LERNEN DASS WIR NICHTS LERNEN MÜSSEN."*

Noch heute betrachte ich die Schulsituation nicht mit den Augen einer Mutter, eines Vaters oder eines Lehrers. Ich löse mich von allem was ich gelernt habe und sehe was tatsächlich existiert. Kinder werden um die Möglichkeit gebracht so zu leben wie sie leben wollen da sie nicht wählen können ob sie lernen wollen oder nicht.

Hinzu kommt dass kein Mensch durch Noten beurteilt werden will. Beurteilungen dienen dazu einen Menschen in eine Form zu pressen wie andere ihn gern haben möchten. Dadurch entsteht eine Realität in der Menschen sich ähnlich sind. Das entspricht nicht der Realität in der jeder Mensch einzigartig ist. Die Formung eines Menschen wirkt daher der Realität in der wir leben entgegen.

Viele Erwachsene rechtfertigen die Schule mit Sätzen wie: *Wir mussten auch zur Schule gehen! . . . Aus uns ist auch etwas geworden! . . . Die Schule hat uns nicht geschadet! . . . Nicht für die Schule sondern für das Leben lernen wir! . . . Jeder muss zur Schule gehen sonst kommt die Polizei und holt dich ab! . . . Wo kämen wir da hin wenn niemand mehr zur Schule ginge? . . . Das ist eben nun einmal so! . . . Ihr sollt es mal besser haben!*

Das Gesetz zur Schulpflicht wurde wie jedes andere Gesetz von Politikern festgelegt und im Gesetzbuch abgedruckt. Auch bei diesem Gesetz gilt dass nur durch die Worte in einem Buch noch keine Realität entsteht, sondern erst durch die Menschen die sich daran halten.

*

Als ich an diesem Morgen mit Ihm vor dem Schulhaus stand,
Unter dem Arm die große bunte Tüte,

Da spürt´ ich seine kleine, heiße Faust in meiner Hand
Und wusste, dass er ahnte, was ihm blühte.
Mein erster Schultag endete in einem Tränenmeer,
Doch hatt´ ich nie vor ihm davon gesprochen -
Wie wurde schon am ersten Tag mein Ranzen mir so
schwer -
Doch schlau hatt´ er den Braten längst gerochen.
Und als die ander´n Kinder mit der Lehrerin fort gingen,
Hab ich seine Verzweiflung und Verlassenheit gespürt
Und mußt´ ihn flehend, bittend dennoch in die Klasse
bringen
Und fühlte mich, wie wenn man ein Kälbchen zur
Schlachtbank führt.

Es gab nur Liebe und Verstehn´, gab nur Freiheit bislang.
Und nun droh´n Misserfolge und Versagen.
Der Wissensdurst versiegt unter Bevormundung und
Zwang,
Die Gängelei erstickt die Lust am Fragen.
Die Schule macht sich kleine graue Kinder, blass und brav,
Die funktionier´n und nicht infragestellen.
Wer aufmuckt, wer da querdenkt, der ist schnell das
schwarze Schaf.
Sie wollen Mitläufer, keine Rebellen.
Ja-Sager wollen sie, die sich stromlinienförmig ducken,
Die ihren Trott nicht stör´n durch unplanmäß´ge Phantasie
Und keine Freigeister, die ihnen in die Karten gucken
Und die vielleicht schon ein Kapitel weiter sind als sie.

Wie oft bist du in all den Jahren aus dem grauen Tor
Bemäkelt und getadelt rausgekommen,
Wie oft habe ich ahnungsvoll und stillschweigend davor
Den Delinquenten in den Arm genommen!
Wie oft hab´ ich den Spruch gehört: Ihr Sohn hat nur
geträumt,
Ihr Sohn hat mit Papierfitzeln geschossen,
Ihr Sohn hat trotz Ermahnung seinen Platz nicht
aufgeräumt,
Ihr Sohn hat sein Tuschwasser ausgegossen!
Und nie: Ihr Sohn ist vor der ganzen Klasse aufgestanden

Für einen, den sie peinigten und quälten bis auf´s Blut!
In dieser Welt kommen uns die wahren Werte abhanden,
In dieser Schule gibt es kein Fach Menschlichkeit und Mut.

Manchmal wünscht´ ich, wir wär´n an diesem Tag nicht mitgegangen,
Und lieber, wie im Kinderlied, zu Doc David nach Fabula.
Du hättest nicht noch mal an jener Stelle angefangen,
Wo ich schon einmal stand - die Faust in meines Vaters Hand![20]

*

Dass Menschen nicht logisch eine Sache wie die Schulpflicht betrachten liegt daran dass sie in einer Welt leben an die sie sich inzwischen gewöhnt haben. Sie hinterfragen nicht wie ein Kind was hier existiert, wie: „Opa, warum gibt es Geld?"[21], sondern übernehmen einfach Dinge die schon existieren. So ist das auch mit Wertungen.

Eine Wertung ordnet etwas einen Wert zu. Indem ein Mensch etwas einen Wert GUT zuordnet ordnet er automatisch etwas einen Wert SCHLECHT zu. Er erschafft mit einem Paradies auch eine Hölle. Wie sonst könnte er in seinem Kopf ein Paradies erschaffen wenn er nicht auch eine Vorstellung von einer Hölle im Kopf hätte? So ist das mit Wertungen: BELEGT EIN MENSCH ETWAS MIT EINER WERTUNG ERSCHAFFT ER ZWEI SEITEN. Erschafft er das Wort Lüge erschafft er automatisch das Wort Wahrheit. Wie sonst könnte er die Lüge von der Wahrheit unterscheiden? Erschafft er Frieden erschafft er auch Krieg. Erschafft er Recht, erschafft er auch Unrecht ... Reichtum - Armut, Gott - Teufel, Freiheit - Unfreiheit, richtig - falsch, Liebe - Hass, Vertrauen - Misstrauen . . .

---

[20] *Faust in meiner Hand*, Lied von Reinhard Mey
[21] Norbert Blüm sagte in einer Talkshow dass sein Enkel ihn gefragt hat warum es Geld gibt und er keine Antwort darauf wusste.

Eine Wertung erschafft jeder Mensch selbst. Wenn er etwas mit einer Wertung belegt erzeugt er gleichzeitig auch eine Gegenwertung. Unlogisch dabei sind die Gegenwertungen. Sie sind nicht erwünscht, werden jedoch erst durch die Wertung von einem Menschen erschaffen.

Dabei ist es ganz einfach nicht zu werten. Werte sind erlernt.[22] Es spielt keine Rolle wie sie übernommen wurden. Tatsache ist dass Menschen werten und auf dieser Grundlage Realität erschaffen. Wenn ein Mensch seinen Kopf frei macht und wie ein Kind das noch keine Lebenserfahrung hat Momente unbefangen angeht ist das der Zustand von dem aus ein Mensch normaler Weise Dinge angehen würde.

Tatsächlich existieren Werte nur im Kopf eines Menschen und sind zeitgebunden:

*   Während die Kriegsgeneration den Zweiten Weltkrieg für **schlecht** erachtet hat, ist die Nachkriegsgeneration mehrheitlich der Meinung sie hat ihnen **gute** Möglichkeiten (wirtschaftlichen Wohlstand) erschlossen.

*   Ein Widerstandskämpfer der ein Staatssystem (Dritte Reich, ehemalige DDR, Apartheid – Nelson Mandela) bekämpft gilt als Staatsfeind (**schlecht**), nach Ende des Systems jedoch als Symbol für Widerstand (**gut**).

---

[22] *Wenn ein kleines Kind einen am Bein amputierten fragt: „Warum fehlt Dir ein Bein?" bekommt es von Erwachsenen zu hören: „Das fragt man nicht!" Erwachsene haben Angst die Situation könnte unangenehm werden. Hier ist ein klassischer Fall wo Erwachsene aus persönlicher Wertung heraus das Kind zurück halten um eine Situation zu vermeiden. Das Kind denkt jedoch nicht nach. Es wertet das Fehlen des Beines nicht und will einfach nur den Grund dafür wissen.* (Seite 25)

* Ein Gesetz wie Hexenverbrennung das zu einer Zeit rechtskräftig ist (**gut**), irgend wann aber nicht mehr gilt weil es für ungültig (**schlecht**) erklärt wird.

* Geld (DM) das als gültiges (**gut**) Zahlungsmittel akzeptiert wird weil es von der Mehrheit der Menschen anerkannt wird, jedoch durch die Einführung einer neuen Währung (Euro €) seinen Wert verliert (**schlecht**).

Derartige Beispiele könnten unendlich weitergeführt werden und aufzählen was derzeit *gut* und was derzeit *schlecht* ist. Ist Krieg zur Zeit gut oder schlecht? Menschen sind für den Frieden weil dabei unschuldige Menschen umgebracht werden? Krieg wird also derzeit für schlecht erklärt!

*

Dabei bedarf es nur einfacher Logik um zu erkennen warum es zu Ereignissen wie Krieg oder Naturkatastrophen überhaupt kommt. Für die nachfolgende Betrachtung ist die Ursache eines Krieges unwichtig. Es ist egal ob es sich um einen Territorial-Krieg (Gebiet), Religions-Krieg, Globalisierungs-Krieg (Weltmacht) oder Wirtschafts-Krieg (einige Menschen werden reich) handelt.

Bei Naturkatastrophen nehmen einige Menschen an es handle sich um die Strafe Gottes oder das Schuldbewusstsein der Menschen für alle Sünden und Fehler. Andere glauben die Natur rächt sich für die Ausnutzung durch den Menschen (Abholzung der Regenwälder, nicht ökologische Landwirtschaft, übermäßige Lebensmittelproduktion und so weiter). Auch diese Gründe sollen jetzt keine Rolle spielen.

Innerhalb einzelner Länder gibt es Gesetze. Gesetze gibt es weil bestimmte Handlungen als *schlecht* bewertet werden. Als Beispiel nehmen wir das Gesetz das die Tötung (Mord) eines Menschen durch einen anderen regelt und festlegt dass ein Mensch bestraft wird der einen anderen Menschen umbringt. Dieses Gesetz gilt für alle Menschen in einem Land.

Als Beispiel für Mord nehmen wir den Fall eines nächtlichen Raubüberfalls in einem verlassenen Park auf jemanden den wir *Opfer* nennen. Niemand ist da der *Opfer* zur Seite steht, auch keine Polizei. *Opfer* wird angegriffen und mit vorgehaltener Pistole zur Herausgabe seines Geldes aufgefordert. Er gibt dem Räuber den wir *Täter* nennen seinen Geldbeutel. *Täter* glaubt nicht dass das alles ist und fordert *Opfer* auf ihm auch das Geld zu geben das er in seinen Hosentaschen hat. Das eine kommt zum anderen bis es schließlich zu der Situation kommt dass *Opfer* sein Leben bedroht sieht. Er stößt *Täter* in die Büsche und flieht. *Täter* fällt bei diesem Sturz mit seinem Kopf auf einen Stein und verblutet. Die Polizei findet tags drauf den Geldbeutel von *Opfer* bei dem Toten und bringt ihn aufgrund der darin enthaltenen Personalien als Täter in Verbindung. *Opfer* erzählt das Erlebnis aus seiner Sicht. Der Polizist versteht zwar dessen Lage bringt den Fall jedoch aufgrund bestehender Gesetze vor Gericht. Vor Gericht wird *Opfer* zum Täter erklärt der aus Notwehr gehandelt hat und zu einer Gefängnisstrafe von zwei Jahren verurteilt.

Betrachtet man einmal alle Lebenssituationen die durch Gesetze geregelt werden dann stellt man fest dass alle Gesetze entstanden sind weil Menschen etwas für *gut* und etwas für *schlecht* erklären. Das bedeutet dass die Handlungen die den Gesetzen entsprechen für gut erklärt werden und einem Menschen erlauben diese Handlungen auszuführen. Handlungen die dem Gesetz nicht entsprechen gelten als schlecht und werden bestraft:
Ein Autofahrer der über eine rote Ampel fährt wird bestraft (schlecht). Fährt ein Autofahrer bei grün hält er sich an das Gesetz und wird nicht bestraft (gut).

Vorgaben wie Gesetze sollen einem Menschen die Möglichkeit nehmen selbstbestimmt zu leben. Ob Vorgaben eingehalten werden oder nicht ist jedoch von jedem Menschen selbst abhängig. Gesetze können daher niemals wirklich den Handlungsspielraum eines Menschen bestimmen und greifen nur bei Menschen die nicht auf sich vertrauen.

Da die Mehrheit der Menschen nicht auf sich vertraut sind Kriege und Naturkatastrophen Ereignisse die den Ausgangszustand wieder herstellen. Durch diese Ereignisse verlieren Gesetze ihre Gültigkeit und die öffentliche Ordnung bricht zusammen. ES WIRD EINE REALITÄT GESCHAFFEN IN DER MENSCHEN WIEDER OHNE VORGABEN LEBEN.

*

Wertungen erschaffen jedoch nicht nur ungewollte Realität sondern weisen Dingen auch eine bestimmte Vorstellung zu. Diese Vorstellung verhindert dass etwas logisch betrachtet werden kann.

* Betrachtet man zum Beispiel den *Tod* logisch zeigt sich dass die Wertung schlecht daher kommt dass Menschen mit dieser Situation nicht umgehen können. Das kommt von der Ungewissheit über den Verbleib eines Menschen den man mit den Sinnen wie Hören und Sehen nicht nachvollziehen kann.

Tatsächlich stirbt ein Mensch nur weil er seine Rolle als Franz Trott beendet (Franz Trott geboren am 2. März 1889 – gestorben am 12. Januar 1943). Eine Rolle wird von einem Menschen durch den Tod beendet weil er als Person (Franz Trott) ein Bild von sich in seinem Kopf hat. Dadurch begrenzt er sich selbst und sieht sich nur als diese Person. Er definiert sich über sein

Aussehen, seinen Namen, sein Geschlecht, seinen Wohnort, seine Familie, seinen Beruf, sein Einkommen und so weiter. Indem er diese Zuordnung trifft sieht er nur Möglichkeiten innerhalb dieses Bildes und seine Befreiung aus dieser Selbstbegrenzung im Tod.

Dass ein Mensch im Leben danach die Erfüllung (Paradies, Himmel) findet ist unlogisch da er schon in dieser Welt keine Möglichkeit erkannt hat unabhängig von seiner Rolle zu leben. Es ist daher eher wahrscheinlich dass er in einer Form weiterlebt in der ihm diese Tatsache immer noch nicht bewusst ist. Logisch erscheint hier die Wiedergeburt.

* Ebenso wie den Tod kann man die *Liebe* logisch betrachten und nachvollziehen woher die Wertung gut kommt. Liebe wie viele Menschen sie verstehen wollen bedeutet das ein Mensch geliebt wird wie er ist. Er also akzeptiert wird wie er ist und leben kann wie er will. Die Liebe wie sie in dieser Welt zum Beispiel in einer Beziehung oder in einer Familie gelebt wird ist jedoch immer an Bedingungen geknüpft und zwingt den Willen anderer Menschen dem Einzelnen auf. Dieser wird von ihnen nur geliebt wenn er deren Vorstellung entspricht.

Dass ein Mensch in dieser Welt so lebt wie er leben möchte wäre nur möglich wenn alles akzeptiert werden würde was dieser Mensch macht. Da die Menschen in dieser Realität jedoch werten werden Dinge für gut und für schlecht erklärt. Die Dinge die für schlecht erklärt werden sollen nicht gelebt werden. Das führt dazu dass Menschen nicht so leben wie sie leben möchten da sie sich aufgrund bestehender Wertungen Dinge vorenthalten:

Diese Tatsache hinterlässt eine Welt von Nichtmachern die ihre Realität nicht machen wie sie die Realität gern hätten und sich nach einem Erlöser als Macher sehnen der für sie macht.[23]

Die Liebe spiegelt daher nur den Wunsch eines Menschen wieder so leben zu wollen wie er leben möchte und akzeptiert zu werden wie er ist.

* Die am häufigsten gelebte Lebensform in dieser Welt ist die *Familie*. Sie wird von der Mehrheit der Menschen für gut empfunden. Betrachtet man diese Lebensform logisch setzt sich eine Familie aus Familienmitgliedern zusammen die Individuen sind. Menschen die eigenständig leben:

Wenn ich sterbe stirbst du dann auch?[24]

Das was eine Familie zu einer Familie macht ist das Bild das ein Mensch in seinem Kopf hat, welches häufig als eine Gemeinschaft empfunden wird in der sich Menschen nah sind und einander vertrauen.

Das Vertrauen ist darauf begründet dass sich die Mitglieder in einer Familie an die darin geltenden Regeln halten und dadurch für die anderen Familienmitglieder berechenbar sind. Hier gilt jedoch das Gleiche wie bei dem Vertrauen zwischen einem Paar:

Gäbe es eine andere Form des Vertrauens neben Selbstvertrauen, wie das Vertrauen in einer Familie, so

---

[23] Siehe Seite 25
[24] Siehe Seite 38

würde der Wille eines Menschen vom Willen anderer Familienmitglieder abhängig sein. Wirklich vorhanden ist jedoch nur der Wille eines jeden Menschen und entspricht der Möglichkeit sich frei zu entscheiden.[25]

Die Einhaltung der Regeln in einer Familie sind in Wirklichkeit davon abhängig ob sich Familienmitglieder freiwillig daran halten.

Die in einer Familie empfundene Nähe wird so wahrgenommen weil Familienmitglieder füreinander da sind. Außerhalb der Familie treffen Familienmitglieder auf Menschen die nicht zu ihrer Familie gehören, Menschen die in solchen Momenten die Nächsten sind. Die Nächsten sind sie deshalb da sie da sind und nicht die Familienmitglieder. Ich weiß aus eigener Erfahrung dass egal wo ich bisher gelebt habe ich Menschen traf die mir näher standen als Familienmitglieder, näher da diese Menschen da waren und nicht die Familie. Nah ist im hier und jetzt der Nächste.

*   **Mitleid** unterliegt der guten Wertung. Ein Mensch der kein Mitleid empfindet gilt als herzlos. Mitleid widerspricht jedoch der Realität. Ein Mensch der ein negatives Ereignis durchlebt hat dieses Ereignis selbst verursacht. Er ist in diese Situation gekommen um sich etwas bewusst zu machen. Ein negatives Ereignis das als schlimm empfunden wird zwingt einen Menschen zu etwas das er freiwillig nicht machen will. Gibt er diesem Zwang nicht nach verschlimmert sich seine Situation:

---

[25] Siehe Seite 37

Vor kurzem begegnete mir eine Frau und erzählte mir daß ihr das Haus indem sie seit dem Tod ihres Mannes allein lebt zu viel Arbeit ist. Nebenbei erwähnte sie dass sie noch ihrem Sohn und seiner Familie so gut sie kann im Haushalt und bei der Kinderbetreuung hilft. Anschließend kam sie auf ihre Hüft- und Ellbogenprobleme zu sprechen und bemerkte dass sie eigentlich kürzer treten müsse. Abschließend sagte sie daß sie zwei Operationen machen lassen würde wenn sie Zeit hätte um wieder schmerzfrei zu sein. Was soll ein Zuhörer dazu sagen? Die Frau hat erkannt wo das Problem liegt, erzählt mir ihre Geschichte und erhofft sich durch Operationen Schmerzfreiheit. Ich gab zurück was sie mir erzählt hat. Sie antwortete sie habe schon daran gedacht das Haus zu verkaufen und ein geregeltes Abkommen mit ihrem Sohn zu schließen welches ihr zugute käme, sei jedoch wieder davon abgekommen. Es war offensichtlich daß es ihr schwer fiel ihr gewohntes Leben zu ändern um ein Leben zu leben wie sie es sich insgeheim wünscht.[26]

Ein Mensch der mit einem anderen Menschen Mitleid empfindet unterstützt ihn durch sein Mitleiden in seiner Lebenssituation und wirkt dem negativen Ereignis entgegen:

Das ist eine Situation in der ein Mensch seine Möglichkeit sein Leben nach seinen Kräften zu leben abgibt. Derartige Situationen verschärfen sich noch mehr wenn andere Menschen dem Kranken bei seiner Krankheit helfen. Die Pflege führt nicht zu einer Verbesserung der Situation sondern verschlimmert sie dahingehend dass sich die Person immer mehr in die

---

[26] Siehe Seite 48

Hände anderer begibt und gar kein Interesse mehr daran hat irgend etwas selbst anzugehen.[27]

Dieses Mitleid bringt den von dem negativen Ereignis Betroffenen nicht dazu seine Lebenssituation zu ändern. Mitleid wirkt daher der Realität negativer Ereignisse entgegen.

*   Etwas das in dieser Welt mit der Wertung schlecht belegt wird ist *Angst*. Angst ist eine Empfindung die niemand will. Angst empfinden Menschen denen nicht bewusst ist dass sie die Realität selbst erschaffen. Ihnen ist nicht mehr bewusst dass sie alle Momente selbst in der Hand haben. Das liegt daran dass sie ihr Vertrauen in sich verloren haben:

Meistens ordnen sich Kinder dem Willen der Erwachsenen unter und übernehmen deren Vorgaben. Hier beginnt ein Mensch sein Leben in die Hände anderer zu geben und sein Vertrauen in sich zu verlieren.[28]

Wäre den Menschen bewusst dass sie alles selbst in der Hand haben bräuchten sie keine Angst mehr zu haben da sie dann wüssten dass sie selbst die Macher sind.

Betrachtet man Dinge nicht wertend sondern logisch kommt man auf den Grund warum sie existieren. Das führt dazu dass man sie so sieht wie sie sind und nicht

---

[27] Siehe Seite 47
[28] Siehe Seite 22

wie sie nur im Kopf eines Menschen existieren. EINE LOGISCHE BETRACHTUNG FÜHRT DAZU DASS MAN DINGE NICHT EINFACH ÜBERNIMMT NUR WEIL SIE SCHON EXISTIEREN, SONDERN EINE REALITÄT ERSCHAFFT DIE MAN SELBST WILL.

*

Hätte *Opfer* vor der Gerichtsverhandlung gewusst dass er aufgrund seiner Schilderung ins Gefängnis kommt wäre er mit einer Lüge besser weg gekommen.[29] Er hätte einfach erzählen können er wäre beraubt worden und anschließend geflüchtet ohne zu erwähnen dass er den *Täter* gestoßen hat und dieser deshalb auf einen Stein fiel. Lügen ist in dieser Welt möglich weil die Sprache als Kommunikationsmittel verwendet wird.

Bei der Hausbewohnerin zu Beginn des Buches wusste ich dass das was sie sagt von dem abweicht was sie denkt. Spricht man in solchen Momenten die Gedanken der anderen aus sind diese erstaunt und ängstlich darüber. Ihre Unsicherheit legt sich jedoch wenn sie feststellen dass man selbst alles ausspricht, unabhängig von bestehenden Wertungen. Die Unsicherheit weicht der Erleichterung selbst nichts mehr verbergen zu müssen und alles sagen zu können.

Nicht alles aussprechen aufgrund eigener Wertung ist auch unlogisch. Jede Person wertet Dinge anders als andere Personen das tun. Andere werten nach ihren Wertungen. Es wird daher nie dazu kommen das eine Person etwas genau so wertet wie eine andere.

Unlogisch ist es auch etwas gesagtes zu bereuen da andere Menschen in Wirklichkeit wissen was ein anderer denkt. IN DIESER WELT TUN MENSCHEN NUR SO ALS OB ES ANDERE WAHRNEHMUNGEN NICHT GIBT.

Macht sich ein Mensch einmal bewusst bei wie vielen Gesprächen die gesprochenen Worte von dem was er dabei empfand abweicht, stellt er fest dass das bei den meisten Gesprächen der Fall ist und nicht alles ausgesprochen wird.

*

---

[29] Siehe Seite 59

Die in dieser Welt verwendete Kommunikation (Mitteilung) über die Sprache ist auch mit ein Grund für das Misstrauen der Menschen untereinander. In den meisten Fällen verliert sich das Misstrauen einem anderen gegenüber wenn dieser einer Kategorie (gut, Angestellter, Christ, Familienvater ...) zugeordnet werden kann. Kritisch wird es bei Menschen die sich nicht zuordnen lassen. Sie sind unberechenbar für andere.

Misstrauende Menschen hegen den Verdacht ein Mensch sei automatisch schlecht. Das kommt daher dass sie von sich ausgehen. Sie selbst ordnen sich dem Schlechten zu mit dem Glauben an Sünde, Schuld oder Fehler und unterliegen dem ständigen Zwang ein besserer Mensch sein zu wollen. Diese Zuordnung fällt auch nicht schwer. Ist es doch der Mensch selbst der weiß dass er sich nicht trauen kann da er anderen mehr traut:

Ein Mensch der lebt wie er will kann nur so leben weil ihm bewusst ist dass er unabhängig von anderen ist und weiß dass er nicht eingeschränkt werden kann. Tatsächlich schränken nicht Menschen die so leben wie sie leben wollen andere Menschen ein sondern Menschen die glauben von anderen eingeschränkt werden zu können. Der Glaube beeinflusst werden zu können kommt davon dass sie ihr Leben nach anderen ausrichten. Sie vertrauen anderen Menschen mehr als sich selbst. Es ist ihnen nur nicht bewusst. [30]

Ich war heute Abend bei Einbruch der Dämmerung mit dem Auto unterwegs. Als ich einen halben Kilometer vor einem Ort war wurde ich von dem Licht eines entgegenkommenden Autos das aus dem Ort heraus fuhr geblendet. Der Fahrer hatte vor der Ortsausfahrt sein Fernlicht eingeschaltet. Nachdem er sein Fernlicht nicht ausschaltete schaltete ich mein Fernlicht ein um zu zeigen dass ich nichts sehe. Darauf hin schaltete er auf normalen Lichtstand um und kam näher. Noch bevor das Auto an mir

---

[30] Siehe Seite 42

vorbei fuhr blendete der Fahrer wieder auf. Ich wusste er hatte das gemacht um mich abermals zu blenden.

Zu Missverständnissen aufgrund der in dieser Welt verwendeten Kommunikation kommt ein Mangel an Genauigkeit.

Ich zog vor Jahren vom Ausland nach Deutschland. Da ich keine Möbel besaß wollte ich eine möblierte Wohnung mieten. Ich nahm daher ein Unternehmen in Anspruch das die Vermittlung möblierter Wohnungen im Internet anbietet. Die erste Einschränkung bei der Kommunikation mit diesem Unternehmen war dass ich nur per Internet und über das Handy erreichbar war. Hinzu kam dass mein Handy zeitliche Aussetzer hatte und ich daher oft nur über das Internet erreichbar war. Die Leiterin der Niederlassung schrieb mir darauf hin *dass das so nicht geht* ich müsse jederzeit erreichbar sein. Als ich ihr meine Situation erklärte kam sie mir entgegen und die Mitarbeiter sendeten mir Angebote übers Internet zu. Der Vorteil gegenüber der Telefonauskunft war dass ich alle Angaben schwarz auf weiß hatte und über den Drucker ausdrucken konnte.

So kam der Tag an dem man mir nach Zusendung einiger Angebote die für mich nicht in Frage kamen ein Angebot zusendete das interessant klang. Der Preis für die Warmmiete der Wohnung war pauschal mit 450 Euro angegeben. Nach einem Telefonat mit der Eigentümerin fuhr ich zu einem Besichtigungstermin vor Ort um mir die Wohnung anzusehen. Die Wohnung gefiel mir sehr gut was ich der Eigentümerin auch sagte. Ich sagte ihr außerdem dass mir der Pauschalmietpreis von 450 Euro sehr gut gefällt und ich mich zudem um nichts kümmern muss. Die Eigentümerin winkte ab und teilte mir mit dass die finanziellen Dinge ihr Mann erledige und ich ihn heute Abend anrufen soll. Das tat ich dann. Gegen Abend rief ich dort an und sprach mit dem Eigentümer über den Einzugtermin und was mir sonst so einfiel. Als wir auf den monatlichen Mietbetrag zu sprechen kamen meinte er dass noch Müllabfuhr, Heizung, PKW-Stellplatz und

Wasser dazu kämen. Ich machte sicher einen verstörten Eindruck da ich nicht mit zusätzlichen Kosten gerechnet hatte und beendete das Telefongespräch.

Nach einem Spaziergang schrieb ich dem Vermittlungsbüro und teilte ihnen mit dass die Angabe über die Warmmiete der mir angebotenen Wohnung nicht stimmt und es sich lediglich um die Nettomiete handelt. Außerdem informierte ich die Eigentümer dass ich die Wohnung aufgrund der hohen Nettomiete nicht nehme.

Am nächsten Tag erhielt ich von der Niederlassungsleiterin des Vermittlungsbüros eine Nachricht übers Internet. Sie rügte mich abermals (*So geht das aber nicht...*) ihr Unternehmen derart bei ihren Kunden (den Eigentümern der Wohnung) in Verruf zu bringen und ihnen zu sagen sie würden falsche Informationen herausgeben. Da ich die Originalmitteilung des Vermittlungsbüros mit den Angaben über die Wohnung noch hatte schrieb ich zurück. Ich teilte ihr mit dass ich die Wohnung aufgrund der hohen Nettomiete bei den Eigentümern abgelehnt habe. Außerdem schrieb ich ihr dass mich *ihre belehrenden e-Mails (So geht das aber nicht...) über die Realität wie sie von ihr dargestellt wird, der wirklichen Realität jedoch nicht entspreche nerven.*

Tags drauf erhielt ich wieder ein Mail in der sie mir mitteilte sie hätte mich aus der Datenbank entfernt und bedaure sehr das mich die belehrenden e-Mails *ihrer Mitarbeiter* nerven. Außerdem wünschte sie mir viel Glück auf der Suche nach einer Wohnung. Ich schrieb zurück: *Daher kommen die Missverständnisse zwischen uns. Ihre Angaben sind ungenau. Ich schrieb nicht „Mich nerven die belehrenden e-Mails ihrer Mitarbeiter" sondern ich schrieb „Mich nerven Ihre belehrenden e-Mails.".*

*

70

Menschen fühlen sich in einer Welt voll mit Menschen ganz allein. Das ist die Realität die unsere Kommunikation erschafft. Nicht nur dass Worte in unterschiedlichen Sprachen existieren, sie können Dinge auch nicht wirklich beschreiben. Sie erklären nur ungenügend wie etwas ist. Allein die Tatsache dass ein Wort verschiedene Bedeutungen hat zeigt wie unpräzise die Sprache ist.[31]

Hinzu kommt dass Menschen nicht alles aussprechen aus Angst ihre Worte könnten negativ gewertet und gegen sie verwendet werden. Wirkliche Nähe zu anderen Menschen ist so nicht möglich und das Alleinsein Teil dieser Realität. ES IST DIESES GEFÜHL DAS MENSCHEN DAZU VERANLASST SO STARK AN EINEM PARTNER, EINER FAMILIE ODER AN EINEM GOTT FEST ZU HALTEN.

In so einer Welt ist es nicht verwunderlich das lebende Menschen keinen Kontakt zu Toten haben. Auch hier findet die Kommunikation (Mitteilung) sicher nicht über gesprochene Worte statt. Genau so wenig wie bei einem Säugling, der noch keine Worte sprechen und verstehen kann.

Die Erfahrung die lebende Menschen nach dem Tod eines Menschen machen und als unheimliches Gefühl beschreiben ist verständlich. Unheimlich sind solche Situationen nur weil Lebende gewohnt sind über ihre Sprache zu kommunizieren und deshalb eine andere Wahrnehmung haben als Tote.

Die Kommunikation über die Sprache führt dazu dass ein Mensch keinen Kontakt zu einem Toten, einem Säugling oder einem anderen *Wesen* hat.

*

---

[31] Zum Beispiel Worte wie: Lage (Ort, Situation), Grenze (Landesgrenze, Einschränkung), Form (Verhaltensregel, Kuchenform) , Aufgabe (etwas das zu lösen ist, etwas aufgeben), Grund (die Ursache für etwas, der Boden).

Menschen werden in dieser Welt den Lebe*wesen* zugeordnet. Wesen bedeutet Sein.[32] Lebewesen unterscheiden sich unter anderem durch ihr äußeres, sind im Wesen jedoch gleich.

Nicht alle Wesen kommunizieren über die Sprache miteinander. Die von Menschen verwendete Sprache wurde von Menschen erschaffen.[33] Die Sprache ist nicht nur die Ursache dafür dass Menschen mit anderen Wesen nicht kommunizieren, sondern auch die Ursache dafür dass ein Mensch verlernt hat mit sich selbst zu kommunizieren. Eingebungen, die als Intuition bezeichnet werden, sind Momente in denen ein Mensch noch mit sich selbst kommuniziert. In diesen Momenten *weiß* er dass etwas so ist.

Dass die Sprache von Menschen erschaffen wurde ist auch für Menschen interessant die sich aus Überzeugung rein vegetarisch ernähren und keine Tierprodukte essen. Der Ansatz zur fleischfreien Ernährung ist genau wie der Hintergrund zur Ernährung durch ökologisch angebautes Gemüse nicht dadurch begründet wie ein Tier getötet wird oder eine Pflanze lebt sondern durch die Tatsache dass mit diesen Lebewesen nicht kommuniziert wird. Es ist deshalb nicht außergewöhnlich dass im Buch *Traumfänger*[34] von Marlo Morgan berichtet wird dass Aborigines in Australien Tiere essen die sich dafür anbieten.

Tatsächlich wird in dieser Welt nicht über die Sprache mit Mund und Ohren kommuniziert. Das beruht auf der einfachen Tatsache dass Dinge im Kopf eines Menschen entstehen. Der Mund dient lediglich als Sprechorgan. Genau wie das Ohr als Hörorgan dient. Einfacher wäre es Dinge von Kopf zu Kopf zu übermitteln. Diese Kommunikation hätte auch den Vorteil dass auf dem Weg

---

[32] Duden das Herkunftswörterbuch, 3. Auflage, Band 7, S.925

[33] Beispiele für von Menschen neu erschaffene Wörter: Hartz IV, Euro, 2003UB313 (kürzlich entdeckter zehnter Planet im Sonnensystem).

[34] *Traumfänger*, Marlo Morgan, Goldmann Verlag.

vom Kopf zum Mund nichts verloren ging. Oft wird nicht alles ausgesprochen da demjenigen der spricht die einzelnen Gedankengänge schon klar sind bevor er sie ausspricht. Bei direkter Übermittlung würde nichts verloren gehen da Dinge im Moment des Entstehens direkt weitergegeben werden.

Mir selbst ist die hier angewendete Kommunikation zu anstrengend. Nicht nur die Tatsache dass große Anstrengungen unternommen werden müssen alles auszusprechen und deutliche Körpersignale zu verwenden um von anderen Menschen nicht missverstanden zu werden. Hinzu kommt dass nur verwendet werden soll was der *guten* Wertung entspricht da ansonsten *schlechte* Gedanken und Wünsche vom Gegenüber zurück kommen.

*

Wenn man in dieser Welt lebt neigt man dazu zu glauben dass alles was hier existiert alles ist was möglich ist. Den Menschen hier ist nicht bewusst das sie selbst alles erschaffen. Dass *nichts* existiert bevor es erschaffen wird ist für sie nicht nachvollziehbar. Dabei wurden selbst die Dinge die schon existieren auch erst irgend wann erschaffen.

Die Zeitrechnung wurde vor 2005 Jahren gesetzt und wird seit dieser Zeit von Menschen weitergezählt. Glaubensrichtungen wie das Christentum haben vor mehr als zweitausend Jahren noch nicht existiert und existieren erst seit Menschen diesem Glauben beitreten. Länder (Tschechien, Slowakei, Kroatien oder Slowenien) die es vor fünfzig Jahren noch nicht gab werden von Menschen die danach geboren wurden anerkannt. Wissenschaftliche Thesen die es vor dreißig Jahren noch nicht gab werden übernommen. Gesetze wie die Anschnallpflicht gibt es erst seit einigen Jahren. Verkehrsschilder die gestern noch nicht da standen sind heute gültig. . .

ALLES WAS IN DIESER WELT EXISTIERT WURDE IRGEND WANN ERST ERSCHAFFEN:

Alles existiert nur weil einzelne Menschen etwas umsetzen. Egal ob sich Menschen religiös ausrichten, sich an Gesetze oder Regeln halten oder nach sonst etwas ausrichten. Würde sich niemand danach richten würde nichts davon existieren.[35]

Wirklich vorhanden sind in dieser Welt jedoch nur die Dinge die von den in dieser Welt lebenden Menschen (Wesen), beziehungsweise den verstorbenen erschaffen wurden.[36]

Das ist auch der Grund warum es bei jungen Menschen zur *Pubertät* kommt. Junge Menschen finden sich in dieser

---

[35] Siehe Seite 7
[36] Siehe Seite 13

Welt nicht wieder da sie Dinge vorfinden die nicht ihre sind und eigenes nicht einbringen sollen. Die Pubertät ist lediglich ein Ausdruck dafür dass sich ein Mensch in der Welt in der er lebt, selbst jedoch nicht gestaltet, nicht wohl fühlt. Dass die Pubertät ausschließlich bei jungen Menschen vorkommt liegt daran dass sich ältere Menschen schon an die Dinge in dieser Welt gewöhnt haben und ihnen nicht mehr bewusst ist dass sie eigene Dinge nicht einbringen sondern von anderen übernehmen. Bei älteren Menschen äußert sich ein Aufbegehren gegen bestehende Dinge erst wieder in der *Midlifecrises* (Krise in der Mitte des Lebens), auch *später Frühling* genannt.

Dass Dinge in Wirklichkeit aus *nichts* entstehen lässt sich am ehesten nachvollziehen wenn sich ein Mensch einmal bewusst macht dass es ihm in jedem Moment frei steht zu machen was er will. Selbst das Lesen dieser Worte wurde vom Leser frei entschieden. Ein Mensch erzeugt Realität gleichgültig ob er Dinge übernimmt die schon existieren, oder eigene Dinge erschafft.

Den Dingen ist es egal ob ein Mensch sie erschafft oder nicht. Nur der Erschaffer selbst kann entscheiden welche Dinge er erschaffen will. Erschafft er Dinge die er nicht erschaffen will erzeugt er eine ungewollte Realität.

Da alles aus *nichts* heraus entsteht wäre es logisch wenn Menschen nur dann etwas erschaffen wenn sie etwas erschaffen wollen. Ansonsten wäre es logisch sie würden nichts tun. Das ist nicht der Fall. IN DIESER WELT WIRD AUCH REALITÄT GESCHAFFEN DIE NICHT GEWOLLT IST:

Neben bewusst gelebten Momenten in denen ein Mensch gewollt Ereignisse hervorruft, erzeugt er auch durch unbewusst gelebte Momente Ereignisse die nicht von ihm gewollt sind und als negativ empfunden werden. Ungewollte Ereignisse ordnen Menschen dem Zufall oder einer nicht beeinflussbaren Übermacht zu. Tatsächlich führt ein Mensch auch unbewusst erzeugte Ereignisse selbst herbei. Da ihm dies jedoch nicht bewusst ist bemerkt er diese Tatsache nicht.[37]

Unlogisch dabei sind die Gegenwertungen. Sie sind nicht erwünscht, werden jedoch erst durch die Wertung von einem Menschen erschaffen.[38]

Als ich vor kurzem einen Schreibwarenladen betrat hörte ich wie eine Frau zu zwei anderen Frauen sagte: *„Mit dem Geld wird es immer schlimmer."* Sie erzählte sie müsse inzwischen bei ihrer Arbeit alles mögliche erledigen. Sie berichtete außerdem dass sie vor ein paar Tagen mit ihren Kindern in einem Kaufhaus einkaufen war und preislich nichts passendes finden konnte. Dieser Frau ist nicht bewusst dass sie indem sie für Geld arbeiten geht den Wert des Geldes erst erschafft, der sie schließlich in die Lage bringt mit Geld zahlen zu müssen.

*

In dieser Welt geht viel um Geld. Die Mehrheit der Menschen erkennt es als Zahlungsmittel an und misst ihm den Wert bei den es für sie hat. Dadurch werden Menschen gezwungen mit Geld zu zahlen. Egal ob es sich dabei um den Kauf eines Buches handelt, um die Möglichkeit auf einer Toilette pinkeln zu können oder an einem öffentlichen Baggersee gegen Eintrittsgeld baden zu können.

Noch deutlicher wird die mit Geld erzeugte Realität am Beispiel von Spendengeldern. Indem ein Mensch spendet misst er dem gespendeten Geld den Wert bei den es für ihn bei dieser Spende hat. Dadurch erzeugt er die Realität in der Dinge erst durch den Kauf mit Geld erworben werden können und zum Eigentum eines Menschen werden. Die Menschen für die diese Spenden sind kamen überhaupt erst in die Lage Geld zu benötigen um sich

---

[37] Siehe Seite 34f
[38] Siehe Seite 57

Eigentum kaufen zu müssen weil die Mehrheit der Menschen dem Geld den Wert beimisst den es für sie hat und durch Kauf erworbenes Eigentum anerkennt.

Was würde passieren wenn Computerspezialisten durch kreuz und quer Überweisungen von einem Konto aufs andere dem Geldsystem seine Kontrolle entziehen? An so einem Tag könnte dann eine Frau Armwieeinekirchenmaus soviel Geld haben wie die Königin von England oder noch extremer ganze Konten leergeräumt und jedem Finanzmogul das Leben zur Hölle gemacht werden. Wer könnte dann noch darauf bestehen dass er so und so viel Geld auf seinem Konto hat? Das System würde zusammenbrechen und die Kontrolle läge bei den Computerspezialisten.

Tatsächlich ist das Geldsystem wie jedes andere System davon abhängig dass Menschen es anerkennen. OHNE ANERKENNUNG GIBT ES KEIN SYSTEM. Im Beispiel des Geldsystems wäre Geld was es tatsächlich ist: ein bedrucktes Stück Papier.

Systeme existieren nur so lange wie sie der Einzelne aufrecht erhält. Sie sind daher immer vom Einverständnis des Einzelnen abhängig und stehen und fallen mit seinem Willen es anzuerkennen. Da Menschen Individuen sind und in Wirklichkeit ihre eigene Welt erschaffen wirken Individuen Systemen entgegen. Es ist daher nur eine Frage der Zeit bis Systeme zusammenbrechen:

Der Einzelne allein hält die tatsächliche Macht in Händen das Weltgeschick zu steuern und niemand sonst. Das ist auch der Grund warum noch kein System in dieser Welt überlebt hat.[39]

Wie einem Systemzusammenbruch entgegen gewirkt wird zeigt sich am Beispiel der Einführung des Euro. Durch die

---

[39] Siehe Seite 31

neue Währung können sich immer mehr Menschen immer weniger leisten. Konnten sich frühere Generationen in den 60ern bestimmte Dinge wie Urlaub, Auto oder ein eigenes Haus nicht leisten war es Generationen nach ihnen möglich sich diese Dinge zu leisten. Der Euro ist eine Währung die wie andere Währungen (die Rentenmark 1923, die Reichsmark 1924 oder die Deutsche Mark 1948) eingeführt wurde um der Tendenz entgegen zu wirken dass sich immer mehr Menschen immer mehr leisten können. Durch die Einführung des neuen Geldes war es möglich den Wert des Geldes wieder zu erhöhen indem die Preise für Dinge hochgesetzt wurden. Dadurch wurde eine Realität geschaffen in der sich wieder weniger Menschen Dinge (Urlaub, Auto, Haus etc.) leisten können.

Dass sich immer mehr Menschen immer mehr leisten wollen ist symbolisch für den Wunsch eines Menschen so leben zu wollen wie er selbst leben möchte. Dieser Wunsch ist von dem Gedanken eines Menschen getragen seine Realität selbst zu erschaffen. Etwas das er schon in jedem Moment tut, da ihm diese Tatsache jedoch nicht bewusst ist erzeugt er eine Realität die er nicht will.

UNGEWOLLTE REALITÄT WIRD VON MENSCHEN ERSCHAFFEN DIE REALITÄT UNBEWUSST ERSCHAFFEN, indem sie zum Beispiel dem Geld den Wert beimessen den es für sie hat, gegen Bezahlung arbeiten gehen, Gesetze einhalten:

Unbewusst leben kommt vom Mangel an Vertrauen eines Menschen in sich selbst. Ein Mensch der sich nicht selbst vertraut glaubt eher an Dinge die in dieser Welt schon existieren und von anderen stammen als an eigene. Das ist der Fall bei vielem an das sich Menschen auf der Erde inzwischen gewöhnt haben. Egal ob es sich darum handelt dass ein Mensch arbeiten geht, die Schule besucht, ob er in einer Familie lebt, ob er glaubt altern oder sterben zu müssen, die Zeitrechnung die vor 2000 Jahren begonnen hat anerkennt, Eigentum besitzt, einer Religion beitritt, glaubt essen zu müssen, heiraten zu müssen oder, um es abzukürzen, ob ein Mensch glaubt sich nach irgend etwas ausrichten zu müssen.[40]

*

Da alles aus *nichts* entsteht gibt es auch keinen Sinn im Leben. Vollkommen gleichgültig ob der Sinn darin gesehen wird Kinder in die Welt zu setzen, Führer zu sein, arbeiten zu gehen, Geld zu verdienen, gute Taten zu vollbringen, dieses Leben nach einem Glauben, nach einer höheren Macht oder nach sonst etwas auszurichten. Es gibt nichts, gab nie etwas und wird nie etwas oder jemanden geben der einem einen Sinn gibt. Nur der Mensch selbst weist seinem Leben einen Sinn zu. Dieser selbst gesetzte Sinn ist für einen Menschen real.

Der Glaube an einen Sinn im Leben kommt, wie der Glaube an irgend etwas, von der Annahme eines Menschen dass schon etwas vorhanden ist. Diese Annahme beruht auf der Erfahrung eines Menschen die er während seiner Erziehung gemacht hat, da er glaubt etwas lernen zu müssen. Er nimmt an es sei schon etwas vorhanden dass er sich aneignen müsse. Dabei wurde selbst das Wissen das existiert auch erst irgend wann erschaffen.

Dass der Mensch kein Wissen benötigt kann für den Leser schon dadurch leicht nachvollzogen werden dass er nur Logik anwenden musste um den Inhalt dieses Buches zu verstehen. Es war nicht notwendig erst etwas zu lernen.[41]

---

[40] Siehe Seite 35

[41] Für diejenigen die an dieser Stelle glauben sie mussten *lesen lernen* um dieses Buch lesen zu können bitte ich zu bedenken dass sie dadurch erst in die Lage kamen dieses Buch zu lesen. Würde eine andere Kommunikation in dieser Welt angewendet hätte niemand dieses Buch gelesen und dieses Buch wäre nie entstanden:
Die Sprache ist nicht nur die Ursache dafür dass mit anderen Wesen nicht kommuniziert wird sondern auch die Ursache dafür dass ein Mensch verlernt hat mit sich selbst zu kommunizieren. ... Tatsächlich wird in dieser Welt nicht über die Sprache mit Mund und Ohren kommuniziert. Das beruht auf der einfachen Tatsache dass Dinge im Kopf eines Menschen entstehen. (Seite 72f)

Der Glaube an einen Sinn im Leben ist wie der Glaube an irgend etwas eine Annahme im Kopf eines Menschen der sich nicht bewusst ist dass er selbst alles erschafft. Da er nicht weiß, ihm also nicht bewusst ist, dass er alles selbst erschafft, glaubt er an etwas. Er glaubt es gibt schon etwas. EIN MENSCH DER WEIß DASS ER ALLES SELBST ERSCHAFFT, ERSCHAFFT EINE REALITÄT DIE ER WILL.

*

Dass Menschen ihrem Leben einen Sinn geben liegt auch daran dass sie nicht im Moment leben sondern ihr Leben als einen zeitlich begrenzten Zustand betrachten. Als einen Zustand der zu einer bestimmten Zeit beginnt und zu einer bestimmten Zeit endet (*Franz Trott geboren am 2. März 1889 - gestorben am 12. Januar 1943*).

Dass der Moment in dieser Welt nicht gelebt wird beeinflusst die Realität mehr als Menschen annehmen. Alles ist tatsächlich nur im Moment und nie über einen längeren Zeitraum möglich. Die Realität die von den Menschen in dieser Welt gelebt wird ist unlogisch.

Alles findet tatsächlich nur im Moment statt daher hat ein Mensch auch nur die Möglichkeit im Moment zu leben:

Tatsächlich existiert immer nur der Moment, dann der nächste Moment und wieder der nächste Moment und so weiter. Selbst wenn ein Mensch in die Zukunft oder Vergangenheit reist hat er immer nur Momente die er erlebt.[42]

Die Lebensweise vieler Menschen ist auf die Zukunft fixiert und oft mit Wünschen und Hoffnungen verbunden: *„Es wird schon besser werden."*

---

[42] Siehe Seite 38

Eine andere Lebensart die von Menschen gelebt wird ist die Konzentration auf die Vergangenheit. Der Blick ist auf eine Zeit gerichtet die schon erlebt wurde. Das Problem das für die Menschen daraus entsteht ist dass sie zu keinem Zeitpunkt bewusst eigene Realität erschaffen können.

In *"Jenseits von Afrika"* sagt Robert Redford über das Volk der Massai: *Sie sterben wenn man sie ins Gefängnis steckt.*
Meryl Streep fragt: *Warum?*
Er antwortet: *Weil sie jetzt leben. Sie denken nicht über die Zukunft nach. Sie können nicht begreifen dass sie eines Tages freigelassen werden. Sie glauben das es für immer ist also sterben sie.*

Ein Mensch der wie in diesem Beispiel in Gefangenschaft lebt erlebt seine Freiheit nicht erst irgend wann in der Zukunft mit der Entlassung aus dem Gefängnis. Er erlebt Freiheit indem er den Moment so lebt wie er will:

Freiheit hat auch nichts mit dem Freiheitsempfinden eines 18-Jährigen zu tun der von zu Hause auszieht, der Freiheit die ein Ehepartner nach einer Scheidung verspürt, der Freiheit die ein Bürger in einem Staat durch seine Wahlbeteiligung erhält oder durch die Entlassung aus dem Gefängnis. Freiheit hat niemals mit Äußerlichkeiten zu tun. Wirkliche Freiheit ist in jedem Moment möglich und entspricht der Möglichkeit durch seinen freien Willen eigene Realität zu erschaffen.[43]

*

---

[43] Siehe Seite 5f

Als Lebenszufriedenheit gelten alle Möglichkeiten die ein Mensch nutzt um sich wohl zu fühlen. Obwohl einige Menschen daran glauben dass derzeit ein Höhepunkt erreicht ist und keine Steigerung mehr möglich ist oder wie der Filmtitel "*Die fetten Jahre sind vorbei*" suggeriert die Lebensqualität wieder nachlässt kann Lebenszufriedenheit immer nur im Moment erlebt werden. Sie ist nicht im voraus oder über einen längeren Zeitraum hinweg erfahrbar.

Selbst wenn ein Mensch auf die Rente hin arbeitet mit dem Ziel dann nicht mehr arbeiten zu müssen. Selbst wenn ein Mensch anstrebt Millionär zu sein. Selbst wenn ein Mensch einen Lebenssinn in seinem Leben definiert. Selbst wenn ein Mensch den Traumpartner fürs Leben sucht, sich auf seinen Traumurlaub freut oder ein Traumhaus plant. Selbst wenn ein Mensch ein ganzes Leben lang daran arbeitet gesund zu bleiben. Selbst wenn ein Mensch daran arbeitet nicht zu altern. Selbst wenn ein Mensch sich auf ein bestimmtes Essen am nächsten Tag freut. Selbst wenn ein Mensch darauf wartet dass an einem Tag das ganze System zusammenbricht und er frei ist. . . .

Allein die Tatsache dass ein Mensch Lebenszufriedenheit in der Zukunft anvisiert zeigt dass er mit der gegenwärtigen Situation nicht zufrieden ist. Logischer Weise sollte dies der Auslöser für ihn sein jetzt im Moment so zu leben wie er leben will. Das kann er nur indem er sich bewusst macht dass er unzufrieden ist und dies ändert.

Dem zukünftigen Rentner sollte klar sein dass er jetzt nicht arbeiten will. Demjenigen der Millionär werden will sollte klar sein dass er sich erst durch diesen Wunsch in die Lage bringt jetzt nicht alles ermöglichen zu können da er dem Geld den Wert beimisst den es für ihn hat. Dem Menschen der seinem Leben einen Sinn gibt sollte klar sein dass er sich dadurch selbst einschränkt da er zukünftige Momente nach diesem Lebenssinn ausrichtet.

Demjenigen der einen Traumurlaub, ein Traumhaus oder einen Traumpartner anvisiert sollte klar sein dass seine Träume nur wahr werden wenn er sie selbst erschafft. Demjenigen der daran arbeitet immer gesund zu sein sollte klar sein dass er nur krank wird wenn er nicht bewusst lebt.[44] Demjenigen der nicht altern will sollte klar sein dass er nur altert wenn er Jahreszahlen hoch zählt. Demjenigen der sich auf ein Essen am nächsten Tag freut sollte klar sein dass er jetzt Lust auf dieses Essen hat. Demjenigen der darauf wartet dass ein System zusammenbricht sollte klar sein dass dieses System nur existiert weil er es anerkennt.[45]

Wäre Menschen bewusst dass alles von ihnen ausgeht würden sie Realität bewusst erschaffen und in den Momenten in denen sie etwas erschaffen wollen nur das erschaffen was sie erschaffen wollen.
Das würde automatisch dazu führen dass Menschen erkennen dass es einfacher ist Dinge direkt umzusetzen. Dinge würden dann nicht erst im Kopf gedacht und in diese Welt umgesetzt werden.
Der Vorgang wäre der gleiche wie bei der Kommunikation von Kopf zu Kopf.
Bei der Kommunikation von Kopf zu Kopf werden Dinge nicht erst über den Mund ausgesprochen und dem anderen mitgeteilt sondern im Moment ihres Entstehens weiter gegeben.

---

[44] *Schicksalsschläge als Beispiel für unbewusst erzeugte Ereignisse finden statt weil Menschen ihr Leben nicht bewusst leben. Eine Krankheit als Beispiel für einen Schicksalsschlag hat ein Kranker selbst herbeigeführt. ...Krankheit und Heilung sind in Wirklichkeit jedoch nur Mittel zum Zweck. Durch die Heilung werden nicht nur die Symptome einer Krankheit abgestellt sondern der Kranke hat sich etwas bewusst gemacht und in seinem Leben verändert was er während seiner Krankheit noch in sich trug. Eine Krankheit führt daher nur zu bewusster Lebensführung und wäre nicht notwendig würde ein Mensch schon bewusst leben.* (Seite 35)

[45] *Tatsächlich ist das Geldsystem wie jedes andere System davon abhängig dass Menschen es anerkennen. Ohne Anerkennung gibt es kein System. Im Beispiel des Geldsystems wäre Geld was es tatsächlich ist: ein bedrucktes Stück Papier.* (Seite 77)

Aus Gründen der Vereinfachung des Lebens wäre es daher leichter wenn Dinge die im Kopf entstehen nicht erst in dieser Welt abgebildet werden müssten sondern direkt existieren würden.

Durch eine Realität in der Dinge direkt existieren würden *gäbe es auch keine äußerlichen Grenzen* die Menschen daran hindern etwas umzusetzen.
Grenzen wie die Schwerkraft würde es dann nicht geben: Ein Mensch der gern fliegen möchte kann nicht der Gesetzmäßigkeit der Schwerkraft unterliegen.
Ein Mensch der im Moment Appetit auf Käsekuchen hat sollte den Kuchen nicht erst backen müssen.
Ein Mensch der ein Traumhaus erstellen will sollte dazu nicht das Geld erarbeiten, den Grund erwerben und eine Baufirma beauftragen müssen sondern das Haus direkt erstellen.
Ein Mensch der gern am Meer in der Sonne liegen möchte sollte keinen Flug buchen und Tage bis zum Abflug warten müssen.

In einer Realität in der Dinge direkt existieren *gäbe es auch kein Gefühl von Mangel* da jeder Mensch alles selbst erschaffen würde.

DIE REALITÄT DIESER WELT IST UNLOGISCH UND ENTSPRICHT DEM BEWUSSTSEIN DER WESEN DIE DARIN LEBEN.

*

Menschen sehnen sich danach einfach zu leben. Allein die Tatsache dass sie ihr Leben durch den Einsatz von Technik vereinfachen wollen zeigt dass sie einfacher leben wollen als sie es tun.

So lange Menschen über etwas nachdenken ist das Leben nicht so wie sie es haben möchten. So lange jemand darüber nachdenkt was mit ihm oder der Welt nicht in

Ordnung ist, ist etwas nicht in Ordnung. Ansonsten würde er nicht darüber nachdenken:

Würden Menschen in dieser Welt logisch und konsequent denken wäre dieses Kapitel das Ende des Buches. Logik ist die Fähigkeit mit der Menschen Sachverhalte nachvollziehen und entwirren können. Ständig wiederkehrende Themen zeigen jedoch dass den Dingen nicht auf den Grund gegangen wird. Das ist der Grund warum das Buch an dieser Stelle weiter geht.[46]

*

Die Welt von der *Neo* am Ende des Film Matrix spricht. . .

Eine Welt ohne Gesetze, ohne Kontrollen und ohne Grenzen. Eine Welt in der alles möglich ist.[47]

oder die Welt nach der *Perfekt* auf der Suche war. . .

Er wußte da war eine vollkommene Welt in der alles möglich ist und die es zu finden galt. ... Da er vor seinem Auftauchen an der Wasseroberfläche glaubte dass nur möglich ist was bereits existiert sah er nicht die Möglichkeiten die in jedem Moment existieren, und er erkannte was schon immer vorhanden war: dass er seine Realität erst selbst erschafft.[48]

. . . ist die Realität in der wir leben.

GLEICHGÜLTIG OB ES SICH UM MATERIELLE REALITÄT ODER IMMATERIELLE REALITÄT HANDELT. DINGE EXISTIEREN NUR WEIL SIE VON WESEN IN DIESER UND ANDEREN WELTEN ERSCHAFFEN WERDEN:

---

[46] Siehe Seite 6
[47] Siehe Seite 27
[48] Siehe Seite 31ff

Wenn man in dieser Welt lebt neigt man dazu zu glauben dass alles was hier existiert alles ist was möglich ist. Den Menschen hier ist nicht bewusst das sie selbst alles erschaffen. Dass nichts existiert bevor es erschaffen wird ist für sie nicht nachvollziehbar. Dabei wurden selbst die Dinge die schon existieren auch erst irgend wann erschaffen.

Die Zeitrechnung wurde vor 2005 Jahren gesetzt und wird seit dieser Zeit von Menschen weitergezählt. Glaubensrichtungen wie das Christentum haben vor mehr als zweitausend Jahren noch nicht existiert und existieren erst seit Menschen diesem Glauben beitreten. Länder (Tschechien, Slowakei, Kroatien oder Slowenien) die es vor fünfzig Jahren noch nicht gab werden von Menschen die danach geboren wurden anerkannt. Wissenschaftliche Thesen die es vor dreißig Jahren noch nicht gab werden übernommen. Gesetze wie die Anschnallpflicht gibt es erst seit einigen Jahren. Verkehrsschilder die gestern noch nicht da standen sind heute gültig . . . Alles was in dieser Welt existiert wurde irgend wann erst erschaffen.

...Dass Dinge in Wirklichkeit aus **nichts** entstehen lässt sich am ehesten nachvollziehen wenn sich ein Mensch einmal bewusst macht dass es ihm in jedem Moment frei steht zu machen was er will. Selbst das Lesen dieser Worte wurde vom Leser frei entschieden.[49]

*

Das Bewusstsein der Wesen hat diese einfache Tatsache erst verkompliziert. *Nichts* ist Ursprung von allem was in dieser und anderen Welten existiert. *Nichts* ist was Wesen als Gott bezeichnen. Das ist auch der Grund warum es keinen lebenden Gott gibt.

---

[49] Siehe Seite 74f

Aus *nichts* ist es überhaupt erst möglich etwas zu erschaffen. Wäre schon etwas vorhanden wäre es nicht möglich unbegrenzt zu erschaffen. Die Grenzen die in dieser und anderen Welten existieren, existieren nicht von selbst, sondern werden von den darin lebenden Wesen erschaffen:

Durch meine letzte Übung mich von nichts zu ernähren weiß ich daß es gar keine Grenzen gibt sondern daß wir unsere Grenzen selbst setzen. Da uns die eigenen Grenzen nicht bewusst sind bemerken wir sie nicht. Der Satz auf dem Kalenderblatt (RISIKO: Wir erfahren unsere Grenzen erst wenn wir sie überwinden.) besagt lediglich **dass einem die eigenen Grenzen erst bewusst werden wenn man versucht sie zu überwinden.** *Wenn daher heute jemand auf mich zukommt und sagt: „Der Mensch muß essen!" stelle ich gedanklich die Gegenfrage: „Muß der Mensch essen?" So würde ich auf die Bemerkung eines Menschen „Irgendwann muß jeder sterben!" die Gegenfrage stellen „Muß jeder sterben?" Der Grund für das in Frage stellen von Grenzen ist dass Grenzen nicht von selbst existieren sondern nur durch den Glauben eines Menschen daran.*[50]

Wenn Menschen erwachsen werden beginnen sie daran zu glauben dass vieles unmöglich ist. Sie erfahren zum Beispiel dass sie Geld benötigen um sich Wünsche zu erfüllen. **Grenzen die sie von außen übernehmen beginnen sie einzuschränken** *und bestimmen ohne dass es ihnen bewusst ist fortan ihr Leben.*[51]

Durch den Glauben an übermenschliche Fähigkeiten **setzen sich Menschen selbst Grenzen** *da sie glauben etwas nicht vollbringen zu können.*[52]

---

[50] Siehe Seite 9f
[51] Siehe Seite 8f
[52] Siehe Seite 51

Die Ursache für ihre Selbstbegrenzung ist dass den Wesen nicht bewusst ist dass sie selbst alles erschaffen. Würden sich Wesen dessen bewusst sein wäre alles möglich für sie. Mit diesem Bewusstsein würden sie sich auch nicht mehr getrennt von ihrem Ursprung (nichts[53]) fühlen. DENN NICHTS KANN NUR ERFAHREN WERDEN VON ETWAS FÜR DAS ALLES MÖGLICH IST. Selbst diese letzte Begrenzung hebt sich auf wenn alles möglich ist.

*

Da der menschliche Körper in diese Welt geboren wird und irgend wann stirbt nehmen Menschen an dass es außer dem Körper etwas übergeordnetes wie eine Seele oder einen Gott gibt. Egal was ein Mensch glaubt zu sein, dieses Buch hilft ihm sich *Erlösung* bewusst zu machen um sich nicht ständig im Kreis zu drehen wie das bei der Wiedergeburt der Fall ist:

Tatsächlich stirbt ein Mensch nur weil er seine Rolle als Franz Trott beenden will (Franz Trott geboren am 2. März 1889 - gestorben am 12. Januar 1943). ... Indem er diese Zuordnung trifft sieht er nur Möglichkeiten innerhalb dieses Bildes und seine Befreiung aus dieser Selbstbegrenzung im Tod. Dass ein Mensch im Leben danach die Erfüllung (Paradies, Himmel) findet ist unlogisch da er schon in dieser Welt keine Möglichkeit erkannt hat unabhängig von seiner Rolle zu leben. Es ist daher eher wahrscheinlich dass er in einer Form weiterlebt in der ihm diese Tatsache immer noch nicht bewusst ist. Logisch erscheint hier die Wiedergeburt.[54]

Durch den Tod erfährt ein Wesen nicht die Erlösung. Der Tod beendet die SELBSTBEGRENZUNG eines Menschen (Wesen) in seiner Rolle im Diesseits. Durch den Tod erlebt ein Wesen das Jenseits und eine Begrenzung durch sein

---

[53]*Nichts ist Ursprung von allem was in dieser und anderen Welten existiert. Nichts ist was Wesen als Gott bezeichnen.* (Seite 86)

[54] Siehe Seite 61

Sein dort. Ein Wesen erfährt durch Geburt und Tod entweder das Diesseits oder das Jenseits.

ICH HABE BEWUSST EINE TRENNUNG VON MENSCH UND SEELE VORGENOMMEN DA WESEN IN DIESER UND ANDEREN WELTEN DIESE TRENNUNG ALS TEIL IHRES GLAUBENS ÜBERNOMMEN HABEN. Die Annahme ein Mensch sei getrennt in Mensch und Seele spiegelt sich auch im Bewusstsein der Wesen wieder:

*Dass sich Menschen in dieser Welt **eines Gottes oder etwas anderem Übergeordneten** bedienen und ihm die Verantwortung für sich übertragen wäre nicht notwendig würden Menschen die Möglichkeit wahrnehmen selbst zu machen. Etwas das man in dieser Welt mit Gott leben bezeichnet: Gott der Macher, Gott der Erschaffer.*[55]

*Tatsache ist dass Opfer Angst und Ohnmacht gegenüber ihren Tätern empfinden. Das tun sie deshalb da sie sich ihrer eigenen Macht nicht bewusst sind so leben zu können wie sie leben wollen. **Sie gehen davon aus dass jemand anderes oder etwas anderes Macht über sie hat.***[56]

*In dieser Welt glauben Erwachsene dass Kinder nicht für sich sprechen können daher entscheiden sie für Kinder. Erwachsene haben in ihrer Kindheit selbst erlebt dass ältere Menschen für sie sprechen und diese Lebensweise übernommen. Die Übernahme dieser Lebensweise ist leicht nachvollziehbar da sich schon ihre Eltern ihre Entscheidungen von ihren Eltern abnehmen ließen und so wiederholt sich dieses Muster immer wieder. Da die Kinder von damals heute selbst zu den Erwachsenen zählen möchten sie so eine Situation nicht noch einmal erleben. Daher sprechen sie für die Kinder von heute. Das ist auch der Grund warum ich annehme das dieses Buch nicht von älteren Menschen gelesen wird. **Sie glauben ein Mensch kann von einem anderen bestimmt werden und haben ihr***

---

[55] Siehe Seite 25
[56] Siehe Seite 17

Vertrauen in sich verloren. *Der Glaube an Bevormundung bestimmt ihre heutige Realität.*[57]

*

Eine Trennung wie die zwischen Mensch und Seele existiert nur durch den Glauben eines Menschen. Tatsächlich ist ein Mensch das was wir das SELBST nennen. Das erklärt auch die Realität negativer Ereignisse im Leben eines Menschen:

*Ungewollte Ereignisse ordnen Menschen dem Zufall oder einer nicht beeinflussbaren Übermacht zu. Tatsächlich führt ein Mensch auch unbewusst erzeugte Ereignisse **selbst** herbei. Da ihm dies jedoch nicht bewusst ist bemerkt er diese Tatsache nicht.*[58]

Der Grund warum so viele Menschen an Sünde, Schuld, Fehler, Schicksal oder Karma (Gesetz von Ursache und Wirkung[59]) glauben hat mit der Erfahrung negativer Ereignisse im Leben eines Menschen zu tun. Negative Ereignisse geschehen weil sich Menschen an Dinge halten beziehungsweise weil sie sich Dinge vorenthalten:

Dass ein Mensch in dieser Welt so lebt wie er leben möchte wäre nur möglich wenn alles akzeptiert werden würde was dieser Mensch macht. Da die Menschen in dieser Realität jedoch werten werden Dinge für gut und für schlecht erklärt. Die Dinge die für schlecht erklärt werden sollen nicht gelebt werden. Das führt dazu dass Menschen nicht so leben wie sie leben möchten da sie sich aufgrund bestehender Wertungen Dinge vorenthalten.[60]

Dass ein Mensch sich an etwas hält beziehungsweise sich etwas vorenthält liegt daran dass ihm *nicht bewusst* ist dass er die Realität selbst erzeugt. WESEN IM

---

[57] Siehe Seite 21f
[58] Siehe Seite 35
[59] *Was der Mensch säht, das wird er ernten.* (Galater 6,7).
[60] Siehe Seite 61

DIESSEITS UND JENSEITS ERSCHAFFEN DURCH IHRE UNBEWUSSTE LEBENSWEISE SELBST EINE REALITÄT NEGATIVER EREIGNISSE UND GLAUBEN DESHALB AN SÜNDE, SCHULD, FEHLER, SCHICKSAL ODER KARMA:

*Neben bewusst gelebten Momenten in denen ein Mensch gewollt Ereignisse hervorruft, **erzeugt er auch durch unbewusst gelebte Momente Ereignisse die nicht von ihm gewollt sind und als negativ empfunden werden.** . . . .*

. . . Schicksalsschläge als Beispiel für unbewusst erzeugte Ereignisse finden statt weil Menschen ihr Leben nicht bewusst leben. Eine Krankheit als Beispiel für einen Schicksalsschlag hat ein Kranker selbst herbeigeführt. . . .

*. . . . Krankheit und Heilung sind in Wirklichkeit jedoch nur Mittel zum Zweck. Durch die Heilung werden nicht nur die Symptome einer Krankheit abgestellt sondern der Kranke hat sich etwas bewusst gemacht und in seinem Leben verändert was er während seiner Krankheit noch in sich trug. **Eine Krankheit führt daher nur zu bewusster Lebensführung und wäre nicht notwendig würde ein Mensch schon bewusst leben.** Unbewusst leben kommt vom Mangel an Vertrauen eines Menschen in sich selbst. Ein Mensch der sich nicht selbst vertraut glaubt eher an Dinge die in dieser Welt schon existieren und von anderen stammen als an eigene.*[61]

*Ein Mensch der ein negatives Ereignis durchlebt hat dieses Ereignis selbst verursacht. **Er ist in diese Situation gekommen um sich etwas bewusst zu machen.** Ein negatives Ereignis das als schlimm empfunden wird zwingt einen Menschen zu etwas das er freiwillig nicht machen will. Gibt er diesem Zwang nicht nach verschlimmert sich seine Situation.*[62]

Vor kurzem begegnete mir eine Frau und erzählte mir daß ihr das Haus indem sie seit dem Tod ihres Mannes allein

---

[61] Siehe Seite 34f
[62] Siehe Seite 63

lebt zu viel Arbeit ist. Nebenbei erwähnte sie dass sie noch ihrem Sohn und seiner Familie so gut sie kann im Haushalt und bei der Kinderbetreuung hilft. Anschließend kam sie auf ihre Hüft- und Ellbogenprobleme zu sprechen und bemerkte dass sie eigentlich kürzer treten müsse. Abschließend sagte sie daß sie zwei Operationen machen lassen würde wenn sie Zeit hätte um wieder schmerzfrei zu sein. Was soll ein Zuhörer dazu sagen? Die Frau hat erkannt wo das Problem liegt, erzählt mir ihre Geschichte und erhofft sich durch Operationen Schmerzfreiheit. Ich gab zurück was sie mir erzählt hat. Sie antwortete sie habe schon daran gedacht das Haus zu verkaufen und ein geregeltes Abkommen mit ihrem Sohn zu schließen das ihr zugute käme, sei jedoch wieder davon abgekommen. Es war offensichtlich daß es ihr schwer fiel ihr gewohntes Leben zu ändern um ein Leben zu leben wie sie es sich insgeheim wünscht. [63]

*

Wie zuvor erwähnt ist das Jenseits nicht die Erlösung wie viele Menschen annehmen. Wesen existieren im Diesseits und im Jenseits. Daher kommt auch die Erfahrung die Menschen nach dem Tod eines Menschen machen:

Die Erfahrung die lebende Menschen nach dem Tod eines Menschen machen und als unheimliches Gefühl beschreiben ist verständlich. Unheimlich sind solche Situationen nur weil Lebende gewohnt sind über ihre Sprache zu kommunizieren und deshalb eine andere Wahrnehmung haben als Tote. Die Kommunikation über die Sprache führt dazu dass ein Mensch keinen Kontakt zu einem Toten, einem Säugling oder einem anderen Wesen hat. [64]

Eines der bekanntesten Wesen bei dem andere nachvollziehen konnten wo es im Jenseits war, war Jesus.

---

[63] Siehe Seite 48
[64] Siehe Seite 71

Als es nun Abend war an jenem ersten Wochentage und dort, wo die Jünger sich befanden, die Türen aus Furcht vor den Juden verschlossen waren, kam Jesus und trat in ihre Mitte und sagte zu ihnen: „Friede sei mit euch." Und als er dies gesagt hatte, zeigte er ihnen die Hände und die Seite. ... Thomas aber, einer von den Zwölfen, Zwilling genannt, war nicht unter ihnen, als Jesus kam. Die Jünger sagten ihm nun: „Wir haben den Herrn gesehen." Er aber sprach zu ihnen: „ Wenn ich nicht an seinen Händen das Mal der Nägel sehe und meinen Finger in das Mal der Nägel lege und meine Hand in seine Seite lege, so werde ich nimmermehr glauben." Und nach acht Tagen waren seine Jünger wiederum drinnen und Thomas unter ihnen. Da kommt Jesus bei verschlossenen Türen, trat in ihre Mitte und sagte: „Friede sei mit euch." Dann sagte er zu Thomas: „Tu deinen Finger hierher und sieh meine Hände an, und tu deine Hand her und lege sie in meine Seite, und sei nicht ungläubig, sondern gläubig." [65]

Und siehe, zwei von ihnen, gingen am selben Tage nach einem Dorf namens Emmaus, das sechzig Stadien von Jerusalem entfernt ist. Sie sprachen miteinander über all das, was sich zugetragen hatte. Und es begab sich, während sie miteinander sprachen und überlegten, nahte sich Jesus selbst und ging mit ihnen. Ihre Augen aber waren gehalten, so dass sie ihn nicht erkannten. Er aber sprach zu ihnen: „Was sind das für Reden, die ihr da auf dem Wege miteinander führt?" Da blieben sie traurig stehen. Einer aber von ihnen namens Kleopas antwortete ihm: „Bist du der einzige, der in Jerusalem weilt und nicht weiß, was dort in diesen Tagen geschehen ist?" Und er sprach zu ihnen: „Was denn?" Sie antworteten ihm: „Das mit Jesus, dem Nazarener, der ein Prophet war, mächtig in Tat und Wort vor Gott und vor dem ganzen Volke, und wie ihn unsere Hohenpriester und Ratsherren zur Todesstrafe überliefert und ihn gekreuzigt haben. Wir aber hofften, dass er es sei, der Israel erlösen werde. Und nun ist zu

---

[65] Neues Testament, Johannes Evangelium 20, 19 ff

alledem heute schon der dritte Tag, seit dies geschehen ist. Aber auch einige Frauen aus unserer Mitte haben uns in Bestürzung versetzt. Vor Tagesanbruch waren sie beim Grabe und fanden seinen Leib nicht; sie kamen und erzählten, sie hätten auch eine Erscheinung von Engeln gehabt, die sagten, er lebe. Und einige von den Unsern gingen zum Grabe und fanden es so, wie die Frauen gesagt; ihn selbst aber haben sie nicht gesehen." Da sprach er zu ihnen: „O ihr Unverständigen, wie träge ist euer Herz, an all das zu glauben, was die Propheten gesprochen haben! ..." Da nötigten sie ihn und sprachen: „Bleibe bei uns, denn es will Abend werden, und der Tag hat sich schon geneigt." Und er ging hinein, um bei ihnen zu bleiben. Und es geschah, als er mit ihnen zu Tische war, nahm er das Brot, sprach das Segensgebet, brach und gab es ihnen. Da wurden ihnen die Augen aufgetan, und sie erkannten ihn; er aber entschwand vor ihnen. Da sprachen sie zueinander: „Brannte nicht unser Herz in uns, als er auf dem Wege mit uns redete und uns die Schriften aufschloß?"[66]

Nicht nur die Vorstellung vom Jenseits ist in dieser Welt falsch belegt, sondern auch die Vorstellung von Gott. Der Gott des Diesseits und des Jenseits ist *nichts*:

Nichts ist Ursprung von allem was in dieser und anderen Welten existiert. Nichts ist was Wesen als Gott bezeichnen. Das ist auch der Grund warum es keinen lebenden Gott gibt. Aus nichts ist es überhaupt erst möglich etwas zu erschaffen. Wäre schon etwas vorhanden wäre es nicht möglich unbegrenzt zu erschaffen. Die Grenzen die in dieser und anderen Welten existieren, existieren nicht von selbst. Sie werden von den darin lebenden Wesen erschaffen.[67]

[66] Neues Testament, *Lukas Evangelium 24,13 ff*
[67] Siehe Seite 86f

Diese Logik deckt sich mit der Vorstellung vieler Menschen von einem gütigen und alles verzeihenden Gott da *nichts* keine Vorgaben macht, nicht wertet und nicht verurteilt.

. . . [68]

*

Die *Erlösung* die viele Wesen suchen ist weder vom Diesseits noch vom Jenseits abhängig. Sie kann von überall aus erfahren werden und hängt nur davon ab dass einem Wesen bewusst ist dass es seine Realität selbst erschafft. Dass es noch Wesen im Diesseits und Jenseits gibt zeigt dass ihnen nicht bewusst ist dass sie selbst alles erschaffen. Damit sich Wesen dessen bewusst werden gibt es das Bewusstsein. Es gibt unendlich viele Beispiele die das SELBST bewusst werden eines Wesen in dieser Welt bezeugen:

*   Ein Beispiel für fehlendes Selbstbewusstsein ist dass Menschen (Wesen) an etwas übergeordnetes als Macher glauben:

Dass sich Menschen in dieser Welt eines Gottes oder etwas anderem Übergeordneten bedienen und ihm die Verantwortung für sich übertragen wäre nicht notwendig **würden Menschen die Möglichkeit wahrnehmen selbst zu machen.** *Etwas das man in dieser Welt mit Gott leben bezeichnet: Gott der Macher, Gott der Erschaffer.*[69]

---

[68] *Hinzu kommt dass Menschen nicht alles aussprechen aus Angst ihre Worte könnten negativ gewertet und gegen sie verwendet werden. Wirkliche Nähe zu anderen Menschen ist so nicht möglich und **das Alleinsein Teil dieser Realität.** Es ist dieses Gefühl das Menschen dazu veranlasst so stark an einem Partner, einer Familie oder an einem Gott fest zu halten.* (Seite 71)

[69] Siehe Seite 25

*   Erziehung ist ein Beispiel für fehlendes Selbstbewusstsein eines Menschen (Wesen). Menschen verlieren durch Erziehung ihr Vertrauen in sich selbst:

*In dieser Welt glauben Erwachsene dass Kinder nicht für sich sprechen können daher entscheiden sie für Kinder. Erwachsene haben in ihrer Kindheit selbst erlebt dass ältere Menschen für sie sprechen und diese Lebensweise übernommen. Die Übernahme dieser Lebensweise ist leicht nachvollziehbar da sich schon ihre Eltern ihre Entscheidungen von ihren Eltern abnehmen ließen und so wiederholt sich dieses Muster immer wieder. Da die Kinder von damals heute selbst zu den Erwachsenen zählen möchten sie so eine Situation nicht noch einmal erleben. Daher sprechen sie für die Kinder von heute … Sie glauben ein Mensch kann von einem anderen bestimmt werden und haben ihr Vertrauen in sich verloren. Der Glaube an Bevormundung bestimmt ihre heutige Realität. … Tatsächlich ist es nicht möglich dass ein Mensch von anderen bestimmt werden kann und nur davon abhängig ob sich ein Mensch freiwillig nach anderen richtet. … Kinder haben an dieser Regelung kein Mitspracherecht und daher zu keinem Zeitpunkt die Möglichkeit selbstbestimmt zu leben. Sie können ihren Willen nur leben wenn sie sich gegen den Willen der Erwachsenen durchsetzen. Meistens ordnen sich Kinder dem Willen der Erwachsenen unter und übernehmen deren Vorgaben. **Hier beginnt ein Mensch sein Leben in die Hände anderer zu geben und sein Vertrauen in sich zu verlieren.**[70]*

---

[70] Siehe Seite 21f

* Gesetze sind ein Beispiel für fehlendes Selbstbewusstsein, da sie Menschen (Wesen) die Möglichkeit nehmen selbstbestimmt zu leben:

*Vorgaben wie Gesetze sollen einem Menschen **die Möglichkeit nehmen selbstbestimmt zu leben**. Ob Vorgaben eingehalten werden oder nicht ist jedoch von jedem Menschen selbst abhängig. Gesetze können daher niemals wirklich den Handlungsspielraum eines Menschen bestimmen und greifen nur bei Menschen denen diese Tatsache nicht bewusst ist.*[71]

* Geistige Gesetze sind Vorgaben die verhindern dass ein Menschen (Wesen) selbstbestimmt lebt:

*Unbewusst leben kommt vom Mangel an Vertrauen eines Menschen in sich selbst. **Ein Mensch der sich nicht selbst vertraut glaubt eher an Dinge die in dieser Welt schon existieren und von anderen stammen als an eigene.** Das ist der Fall bei vielem an das sich Menschen auf der Erde inzwischen gewöhnt haben. **Egal ob es sich darum handelt dass ein Mensch ... einer Religion beitritt ... oder um es abzukürzen: ob ein Mensch glaubt** sich nach irgend etwas ausrichten zu müssen.*[72]

* Systeme sind Zeichen fehlenden Selbstbewusstseins, da sie das Leben von Menschen (Wesen) regeln und ihnen die Möglichkeit nehmen selbstbestimmt zu leben:

---

[71] Siehe Seite 60
[72] Siehe Seite 35

Der Staat, der Kindergarten, die Schule, die Ausbildungsstätte sind Institutionen die den Menschen nicht als Individuum sehen. Die Schule als Beispiel wird vom Staat per Gesetz für alle Menschen gleichermaßen festgesetzt. **Durch die Vorgabe per Gesetz soll dem Einzelnen sein freier Wille genommen werden selbst zu entscheiden** *ob er zur Schule gehen will oder nicht. Schon die Notwendigkeit durch Gesetze Zwang auf Menschen ausüben zu müssen zeigt dass in dieser Welt etwas nicht stimmt. Da ein Staat erst durch den mündigen Bürger zum Staat wird ist es in Wirklichkeit keine Institution sondern der Staatsbürger ab achtzehn Jahren mit dem gesetzlichen Wahlrecht der sich durch den Wahlgang in seinem freien Willen selbst beschneidet.*[73]

*   Fehlendes Selbstbewusstseins wird ständig neu erzeugt wenn Menschen ihr Selbstvertrauen von außen abhängig machen:

> *Leider glauben viele Menschen nicht dass alles beim Selbst beginnt eben weil diese Tatsache so einfach ist. Dinge wie Geld, Macht, Eigentum, akademische Titel, soziale Stellung (Adelstitel) oder Berufsstatus (Abteilungsleiter, Geschäftsführer) sind symbolisch dafür dass Menschen Bestätigung von außen wollen.* **Die Menschen werden ewig warten müssen denn Selbstvertrauen kann nicht von außen bestätigt werden sondern nur vom Selbst.**[74]

*

---

[73] Siehe Seite 24
[74] Siehe Seite 18

Das SELBST ist für viele Wesen so gut versteckt dass sie bis zum heutigen Tag auf einen Erlöser warten der sie erlöst:

Hier, im Mittelwesten, lag ich nun auf dem Rücken und versuchte mich im Verflüchtigen von Zirruswolken, und ich kam nicht darüber hinweg ... **Was wäre, wenn nun jemand käme, der sich wirklich darauf verstünde, der mir zeigte, wie meine Welt funktioniert und wie ich sie meistern könnte?** *Was wäre, wenn ich jemandem begegnete, einem, der seiner Zeit voraus ist ... Was wäre, wenn ein Siddhartha oder ein Christus in unsere Zeit käme, der über die Illusionen der Welt gebieten könnte, weil er die Wirklichkeit hinter ihnen erkannt hat?*[75]

Die bisherigen Erlöser (Wesen) haben sich selbst nicht als Macher entdeckt. Hätten sie sich als Macher entdeckt hätten sie anderen Wesen kein Wissen mitgeteilt da sie gewusst hätten dass das Wissen das sie verbreiten erst von ihnen erschaffen wird:

In dem Moment indem ein Mensch Wissen erschafft ist dieses Wissen für ihn real. Für die Menschen die sich dieses Wissen aneignen gilt das gleiche wie für die Menschen die sich einen Glauben aneignen: **Dieses Wissen ist übernommenes Gedankengut, das nur durch den Glauben eines Menschen an dieses Gedankengut real wird.**[76]

Gleichgültig ob es sich um materielle Realität oder immaterielle Realität (Wissen) handelt. **Dinge existieren erst weil sie von Wesen in dieser und anderen Welten erschaffen werden.**[77]

Ein Erlöser könnte anderen Wesen tatsächlich nur mitteilen dass alles bei ihnen selbst beginnt. ES IST

---

[75] *Illusionen*, Vorwort, Seite 6
[76] Siehe Seite 53
[77] Siehe Seite 85

DAHER ANZUNEHMEN DASS DIE BISHERIGEN ERLÖSER SELBST AN ETWAS GLAUBTEN:

*Jesus zu einem Blinden in Lukas 18,42: Sei wieder sehend, dein **Glaube** hat dir Heilung gebracht.*[78]

*Da kommt Jesus bei verschlossenen Türen, trat in ihre Mitte und sagte: „Friede sei mit euch." Dann sagte er zu Thomas: „Tu deinen Finger hierher und sieh meine Hände an, und tu deine Hand her und lege sie in meine Seite, **und sei nicht ungläubig, sondern gläubig.**"*[79]

Der Glaube ... an irgend etwas ist eine Annahme im Kopf eines Menschen der sich nicht bewusst ist dass er selbst alles erschafft. Da er nicht weiß, ihm also nicht bewusst ist, dass er alles selbst erschafft, glaubt er an etwas. Er glaubt es gibt schon etwas. Ein Mensch der weiß dass er alles selbst erschafft, erschafft eine Realität die er will.[80]

*

---

[78] Siehe Seite 50
[79] Siehe Seite 93. Neues Testament, Johannes Evangelium 20, 19 ff
[80] Siehe Seite 80

Indem ein Mensch Dinge logisch betrachtet erkennt er warum sie existieren. Das führt dazu dass er weiß warum sie existieren und er die Realität erschaffen kann die er erschaffen will. Das führt wiederum dazu dass ihm bewusst wird dass er die Außenwelt selbst erschafft.

Da er jetzt weiß dass er die Außenwelt selbst erschafft ist er nicht mehr auf die Außenwelt fixiert und von der Außenwelt unabhängig.[81] Dieser Vorgang führt dazu dass er auf sich selbst vertraut.

Dadurch lösen sich Vorstellungen auf die bis zu diesem Zeitpunkt in seinem Kopf waren. Bis es keine Vorstellungen mehr gibt. Das ist Erlösung.

---

[81] *Menschen die von klein an verlernen auf sich selbst zu vertrauen sind ihr Leben lang orientierungslos und auf die Außenwelt fixiert.* (Seite 25)